124923

Leopold und Beate Peitz

Schweine halten

Leopold und Beate Peitz

Schweine halten

4., erweiterte und aktualisierte Auflage

70 Farbfotos

25 Zeichnungen

Inhalt

Vorwort 6

Einführung 9
Artgerechte Haltung 10
Hochleistungstiere 10
Lebendige Wesen 11
Nachhaltigkeit 11
Die gesunde Haltung von Schweinen 11
Abstammung und Entwicklung des Hausschweins 13

Geschichte und Geschichten vom Schwein 13
Geschichten, Anekdoten und Wahres vom Hausschwein 19

Jedem sein Schwein 24
Folgen der Zucht 25
Die wichtigsten Schweinerassen 26
Geeignete Rassen für Selbstversorger 36
Züchtungsfragen 38

Das Schwein und sein Körper 41
Die wichtigsten Körperteile 42
Haut und Haare 44
Die männlichen Geschlechtsorgane 46
Die weiblichen Geschlechtsorgane 46
Das Skelett 48
Das Muskelsystem 50
Das Verdauungssystem 51
Herz, Blut und Kreislauf 53

Das Schwein und sein Verhalten 55
Das Verhalten der Wildschweine 56
Das Verhalten der Hausschweine 58
Fressen und Trinken 60
Freund und Feind 62
Eber und Sau 64
Mutter und Kind 66
Spielen und Erkunden 69
Ruhen und Pflegen 70
Reinlichkeit 70
Verhaltensstörungen 71

Die artgerechte Haltung des Hausschweins 73
   Tierschutzanforderungen 74
   Hygienische Anforderungen 76
   Primitive Haltungsformen 78
   Der Stall 81
   Offenställe für die Robusthaltung 99
   Freilandhaltung 100
   Einrichtung der Hütte 106
   Kapazität und Belegung der Stallvarianten 108

Das Schwein und sein Futter 110
   Das große Missverständnis 110
   Nahrungsansprüche ähnlich denen des Menschen 111
   Die Futtermittel 111
   Die Fütterungstechnik 122
   Auf die Haltung kommt es an 129

Die Vermehrung des Hausschweins 129
   Natürliche Vermehrung in der Freilandhaltung 130
   Artgerechte Vermehrung im Stall 133
   Die Auswahl der Zuchttiere 136
   Züchtung und Züchtungsmethoden 138
   Der Eber 141

Das gesunde und das kranke Schwein 143
   Beurteilung der Tiergesundheit 144
   Krankheiten und ihre Ursachen 146
   Vorbeugung und Gesunderhaltung 148

Der Schlachttag 154
   Die Hausschlachtung 155
   Direktvermarktung von Fleisch und Wurst 161

Gutes vom Schwein 163
   Fleisch und Fleischqualität 164
   Die Teilstücke und ihre Verwendung 169
   Fleischerzeugnisse 172
   Alte Rezepte aus Westfalen 174

Service 176
   Literatur 177
   Anschriften von Verbänden, Gesellschaften und Beratungsstellen 180
   Bildquellen 183
   Dank 183
   Register 184
   Impressum 190

Vorwort

Wenn jemand ein Buch über Schweine schreibt, stößt er bei seinen Zeitgenossen auf die unterschiedlichsten Reaktionen. Nun sind wir durch unser Erstlingswerk „Hühner halten", das in der gleichen Reihe erschienen ist, in diesen Regungen der Mitmenschen nicht ganz unerfahren, doch ist beim Thema „Schweine halten" eine deutliche Steigerung zu verspüren.

War es beim Huhn zunächst eine gewisse Verblüffung, so löste das Schwein als Thema eines Buches bei manchem zunächst ungläubiges Erstaunen bis hin zu blankem Entsetzen aus. Auch die positiven Reaktionen waren spontan heftiger und steigerten sich von regem Interesse beim Huhn zu Äußerungen höchsten Entzückens beim Schwein.

Daraus mag man schließen, dass das Schwein als solches Phantasie und Gefühl weitaus stärker bewegt, als das ein gefiederter Hausgenosse je vermöchte. Doch gerade dies hat uns herausgefordert; lässt doch gerade dieses Mitgeschöpf unser zweifelhaftes Verhältnis zum Tier schlechthin deutlich werden. Daher soll dieses Buch nicht allein den Selbstversorger und Freizeitlandwirt oder den Kleinbauern ansprechen, es soll auch ein Lesebuch sein für alle, die sich für eine artgerechte Haltung von Nutztieren mitverantwortlich fühlen, Freude am Umgang mit Tieren haben oder sich Gedanken über das machen, wovon und wie sie sich ernähren.

Was wäre unser Sein ohne das Schwein?
Was wäre der Durst ohne die Wurst?
Was wäre das Leben ohne das Beben,
das uns erfasst, wenn wir erkennen
den würzigen Duft des edelsten Stücks,
des Schinkens, Garant unseres Glücks.
(Ode an das Schwein oder das Beste, was aus ihm werden kann)

Dank gebührt in diesem Sinne zunächst Anna Peitz für ihren originellen Beitrag über den Schlachttag, schließlich allen fachlich versierten Freunden für ihr kritisches Urteil, allen fachlich fernen Freunden für ihr Verständnis und ihren Humor, allen Helferinnen und Helfern für ihre tatkräftige Unterstützung und unseren beiden Söhnen für ihre Geduld.

Dieses Buch soll in Dankbarkeit unseren Eltern gewidmet sein, die uns vielfältig unterstützt und ermutigt haben, für das Schwein als Mitkreatur „eine Lanze zu brechen".

Beate und Leopold Peitz
Pfullingen

Linke Seite:
Was wäre eine Buchreihe über Nutztierhaltung ohne das Schwein, einer – wenn man es recht bedenkt – in jeder Weise und in jedem Zustand höchst erstaunlichen Erscheinung.

Einführung

Manch einer, der dieses Buch in die Hand nimmt, wird sich die Frage stellen, was man denn darin Neues und Wissenswertes über Schweine und die Haltung von Schweinen erfahren könne, oder er wird von vornherein ablehnend einem solchen Werk gegenüberstehen, weil er der Meinung ist, es könne in unseren verdichteten Siedlungsräumen wohl kaum Platz für eine eigene Schweinehaltung geben, ergo dieses Buch eigentlich nur von theoretischem Wert sein kann.

Diesen Zeitgenossen sei gesagt, dass sie durchaus nicht ganz unrecht, aber auch nicht recht haben. Zum einen wird der geneigte Leser am Ende des Buches feststellen, dass es sehr wohl neue Erkenntnisse über das Schwein schlechthin und allemal sehr viel Wissenswertes über die Haltung von Schweinen im Besonderen zu erfahren gibt; zum anderen wird er aus der Lektüre vielleicht auch für sich selbst etwas Neues mitnehmen können, etwa ein neues Bewusstsein über das Verhältnis von Mensch und Tier im Allgemeinen.

Schließlich ist es ein Anliegen dieses Buches, Anfängern in der Nutztierhaltung oder Freizeitlandwirten nicht allein Faktenwissen über das Schwein und seine Haltung zu vermitteln, sondern auch, zwischen den Zeilen und ohne erhobenen Zeigefinger, zu einem neuen und besseren Verhältnis in der Mensch-Tier-Beziehung beizutragen. Insoweit mag dieses Buch manchen zum Nachdenken anregen, der zwar nie die Möglichkeit haben wird, selbst Schweine zu halten, der sich aber Gedanken macht über das, was ihn umgibt, wie und wovon er sich ernährt und in welcher Beziehung er zu seinen Mitgeschöpfen lebt.

Linke Seite:
Draußen auf der Weide fühlen wir uns ganz besonders wohl.

Artgerechte Haltung

Es ist hier sicherlich nicht die Zeit und der geeignete Ort, philosophische Gedanken zu entwickeln, doch soll nicht verschwiegen werden, dass naturgemäß jeder Autor, auch der Vertreter der sogenannten exakten Wissenschaften, seine Erkenntnisse vor dem Hintergrund seines (philosophischen) Weltbildes aufarbeitet und verbreitet, wenn er sich dessen zuweilen selbst auch nicht bewusst sein dürfte. Deshalb sei an dieser Stelle ganz deutlich herausgestellt, dass die Verfasser dieses Buches die Anleitung für die Haltung von Schweinen nicht ausschließlich unter dem Gesichtspunkt der Nützlichkeit für den Menschen sehen, sondern auch gleichrangig unter dem Aspekt der artgerechten Haltung von Tieren.

Das Prinzip der artgerechten Haltung wiederum bedingt eine ganzheitliche Sicht der Haltungssysteme und darüber hinaus ein Denken in Naturkreisläufen, zumal gerade die Tierhaltung in der Landwirtschaft – und um eine solche handelt es sich in verkleinertem Maßstab bei der Haltung von Nutztieren in jeder Form – das Paradebeispiel für die Probleme liefert, die auftreten, wenn man sich außerhalb dieser Naturkreisläufe stellt.

Gerade Hobbytierhalter und Selbstversorger sollten sich dem Gedanken einer artgerechten und naturgemäßen Tierhaltung besonders verpflichtet fühlen, weil für sie der von den professionellen Tierhaltern vielfach beschworene ökonomische Zwang nicht besteht.

> **Info**
> Der Begriff „artgerecht" ist vielfach stark mit Emotionen belastet und wird daher entsprechend unterschiedlich definiert. Der Tierhalter muss sich jedoch verbindlich nach den dazu erlassenen Verordnungen der EU und ihrer Mitgliedsstaaten richten.

Hochleistungstiere

Schließlich müssen wir immer mehr erkennen, dass die hoch spezialisierte Wissenschaft zwar in der Lage ist, orientiert am Kundengeschmack, extreme Hochleistungstiere zu züchten und ausgeklügelte Haltungsverfahren zu entwickeln, dass sie sich dabei aber vorwiegend auf Rationalitätsgesichtspunkte konzentriert hat und daher weniger das Augenmerk darauf gerichtet hat, Haltungssysteme zu gestalten, die auch die elementaren Bedürfnisse der Tiere befriedigen, sprich eine artgerechte Haltung gewährleisten.

Wenn man betrachtet, was die Praxis aus den wissenschaftlichen Erkenntnissen zu ihrem Nutzen gemacht hat und mit welcher Kritiklosigkeit der Verbraucher dem zum großen Teil gegenübersteht, so nimmt es nicht Wunder, dass das Schwein neben anderen Tiergattungen in manchen landwirtschaftlichen Betrieben zum Faktor Material herabgewürdigt und konsequenterweise auch so bearbeitet und behandelt wird; das Schwein wird „produziert" wie Seife, Sekt und Socken.

Lebendige Wesen

Damit sind wir bei der ethischen Dimension der Tierhaltung, bei der offenbar das Wort aus dem Alten Testament „Macht euch die Erde untertan" gründlich missverstanden wurde. Wenn man auch hier den Kenntnisstand der Wissenschaft heranzieht und daraus ableitet und akzeptiert, dass so hoch entwickelte Säuger wie das Schwein nicht nur aus physischer Masse bestehen, sondern auch ein Innenleben haben, also Schmerz und Freude empfinden können, Bedürfnisse haben und diese auch mitteilen, aber andererseits uns im wahrsten Sinne des Wortes ausgeliefert sind, so müssen wir uns ernsthaft fragen, mit welchem Recht wir unsere Mitgeschöpfe häufig so unwürdig behandeln. Auch der Einwand, wir würden sie am Ende ja doch aufessen, kann uns dabei nicht von der ethischen Verantwortung für unsere Schutzbefohlenen bis zu diesem Tage entbinden. Nur wenn der Leser diese Sichtweise teilt, wird er offen sein für die folgenden Ausführungen, die die Grundlagen für eine artgerechte Haltung beschreiben.

Nachhaltigkeit

In der ökologisch orientierten Landwirtschaft spielt der Begriff der „Nachhaltigkeit" eine zentrale Rolle. Gemeint ist damit, dass alle Anbau- und Haltungssysteme so ausgerichtet sein sollen, dass sie im Rahmen des ökologischen Stoffkreislaufes eine lang anhaltende, sprich nachhaltige Stabilität des Systems bewirken. Bezogen auf die Tierhaltung bedeutet dies, dass es nicht darum gehen kann, die Tiere für die heute vielfach kurze Dauer ihrer Aufzucht und Nutzung (Milch, Fleisch, Wolle) mit allen erdenklichen Hilfsmitteln leistungsfähig zu halten, ohne ihnen ein Mindestmaß an elementarer Bedürfnisbefriedigung zu gestatten, sondern dass es uns darum gehen muss, die Haltungssysteme so zu gestalten, dass die Tiere ohne weitere „Hilfsmittel" über eine lange Nutzungsperiode gesund und leistungsfähig bleiben. Dass dies auch in modernen, leistungsorientierten Haltungssystemen mit Gewinn für Mensch und Tier möglich ist, wird im Kapitel „Haltung" näher ausgeführt.

Gut zu wissen

Wie ein ausgelatschter Schuh kommt der Begriff „Nachhaltigkeit" heute daher. Ursprünglich wurde er für eine ressourcenschonende Wirtschaftsweise in der Land- und Forstwirtschaft geprägt.

Die gesunde Haltung von Schweinen

Die Grundvoraussetzung für den Erfolg solcher Haltungssysteme besteht darin, dass die Tiere gesund sind und gesund bleiben. Das hängt wiederum davon ab, dass das Haltungssystem keine akut und chronisch krankmachenden Elemente enthält. Daher ist es wichtig, dass wir versuchen, die wesentlichen Elemente der dem entsprechen-

Das Schwein ist ein
- hoch entwickeltes, sensibles Säugetier
- mit ausgeprägtem Sozialverhalten (Herdentier),
- dessen Lebensraum der Wald ist,
- das seine Futterbasis im Wurzelbereich befriedigt,
- das gegen extreme Temperaturen (vor allem Hitze) empfindlich ist und
- im Vergleich zu Rind oder Pferd einen geringeren Lichtbedarf hat.

Daraus sind für **Haltungssysteme**, die im Stande sind, unsere Tiere gesund zu halten, folgende Prinzipien abzuleiten:

1. Die Tiere müssen soviel Bewegungsfreiheit haben, dass sie ihre Organe in angemessener Weise beanspruchen können, denn nur durch eine gewisse Beanspruchung können Herz, Kreislauf und Muskulatur ausreichend trainiert werden.
2. Die Tiere sollten einem Mindestmaß an natürlichen Reizen ausgesetzt sein. Insbesondere der naturgegebene Tag-Nacht-Rhythmus, der Kontakt mit dem Sonnenlicht sowie der biologisch wichtige Impuls von Temperaturschwankungen sind der Gesundheit und Konstitution förderlich.
3. Die Tiere sollten die Möglichkeit haben, ihre artspezifischen Verhaltensweisen angemessen ausleben zu können. Dadurch können Frustrationshandlungen, stereotype Verhaltensabläufe mit negativen Folgen für die Gesundheit sowie Aggressionshandlungen bis hin zum Kannibalismus von vornherein vermieden werden.

Gut zu wissen

Die Bestimmungen zu Tierschutz und Seuchenhygiene gelten jetzt für jede Schweinehaltung, sie sind also auch vom Halter eines einzelnen Tieres zu beachten.

den Wildtier adäquaten Umwelt bei der Planung unseres Haltungssystems im Sinne einer Gliederung in Funktionsbereiche in Betracht zu ziehen. Schließlich hat sich hier ein Jahrtausende währender Prozess prägend auf die einzelne Gattung ausgewirkt, den wir auch durch noch so verfeinerte und ausgeklügelte Züchtungsmethoden nicht außer Kraft setzen können. Für das Schwein sind unter diesem Blickwinkel die Grundansprüche ganz grob wie oben zusammengefasst zu definieren.

Dass es solche Haltungssysteme gibt und dass sie auch unter ökonomischen Zielsetzungen erfolgreich eingesetzt werden, davon soll in den folgenden Kapiteln die Rede sein. Und der Leser wird am Ende feststellen, dass er nicht nur neue Erkenntnisse über die Schweine und ihre Haltung gewonnen oder vergessene aufgefrischt hat, sondern dass er auch ein neues Verhältnis zu unseren wertvollen Nutztieren allgemein gefunden hat. Das wünschen sich und dem Leser jedenfalls die Autoren.

In die Überarbeitung der vorliegenden 4. Auflage haben neben einigen redaktionellen Änderungen die neuesten rechtlichen Bestimmungen zum Tierschutz und besonders zur Problematik der Seuchenhygiene Eingang gefunden.

Geschichte und Geschichten vom Schwein

Abstammung und Entwicklung des Hausschweins

In der Systematisierung der Zoologie wird das Schwein den höckerzähnigen Paarhufern zugeordnet, deren Ursprung und weitere Entwicklung in der Kreidezeit lag. Wenn wir uns weiter durch die zoologische Systematik bewegen, so begegnen wir in der Unterordnung Suina (Schweineartige) neben den Nabelschweinen schließlich den eigentlichen Schweinen (Suidae), zu denen wiederum fünf Gattungen gehören, nämlich das afrikanische Waldschwein, die afrikanischen Warzenschweine, die Buschschweine, die Hirscheber und endlich die echten Schweine *(Sus)*.

Doch auch damit haben wir die direkten Vorfahren beziehungsweise Wildformen unserer heutigen Haustierrassen immer noch nicht hinreichend eingekreist. Die Gattung der echten Schweine teilt sich noch in drei Gruppen auf, die Pustelschweine, die Bartschweine und die eurasischen Wildschweine.

Die Domestikation

Lange Zeit hat sich die Wissenschaft gestritten, welche der drei letztgenannten Gruppen den bedeutendsten Einfluss auf unsere heutigen Hausschweinerassen besaß. Inzwischen ist man sich jedoch einig, dass alle Rassen auf eine einzige Wildart *(Sus scrofa)* zurückgehen, wobei das asiatische Bindenschwein und das europäische echte Wildschwein als Hauptstammväter für die heutigen Schweinerassen anzusehen sind, dabei das Bindenschwein *(Sus scrofa vittatus)* vornehmlich für den asiatischen Kulturraum und sein Domestikationszentrum in Südostasien und das Europäische Wildschwein *(Sus scrofa scrofa*, früher als

Ein Prachtexemplar des europäischen Wildschweines (*Sus scrofa scrofa*), Stammvater unseres Hausschweines.

Sus scrofa ferus bezeichnet) für den europäischen Kulturraum mit seinen Domestikationszentren südlich der Nord- und Ostsee und in den östlichen Regionen des Mittelmeerraums. Eine Mittelstellung nehmen die Unterarten ein, die sich insbesondere auf der Iberischen Halbinsel und in den an das westliche Mittelmeer angrenzenden Regionen herausgebildet haben sollen und deren Abkömmlinge als Neapolitanische und Portugiesische Schweine bekannt wurden.

Zwei Typen

Prägendes Unterscheidungsmerkmal bei den beiden wilden Hauptstammvätern (Bindenschwein und Europäisches Wildschwein) ist der Bau des Schädels. Während beim asiatischen Typus das Hinterhaupt hochgestellt und die Nase kurz ist, mit einer konkav verlaufenden Profillinie und einem nahezu quadratischen Tränenbein, besitzt der europäische Typus eine gestreckte Schädelform mit einer langen Nase und einer geraden Profillinie; dementsprechend ist hier das Tränenbein schmal und rechteckig ausgebildet.

Doch auch in der Körperform (züchterische Fachsprache: Exterieur) unterscheiden sich beide Typen erheblich. Während beim Vertreter aus Asien die Vor- und Hinterhand etwa gleichermaßen entwickelt und der Rumpf walzenförmig ausgeprägt ist, finden wir beim „Europäer" die Vorhand wesentlich stärker entwickelt als die Hinterhand sowie einen schmalen, gestreckten Rumpf mit leicht kammförmig aufgebogenem Rücken und einer abfallenden Kruppe.

Opfer- und Nutztier

Im Altertum wie im Mittelalter war das Schwein als Opfertier und als Nahrungslieferant gleichermaßen beliebt. Allerdings galt und gilt es in manchen Kulturen und Religionen als unreines Tier und fand aufgrund dessen dort keine sehr weite Verbreitung.

Verachtet

Während, von heute gerechnet, vor etwa 6000 Jahren in China bereits Schweine in größeren Mengen gezüchtet wurden und aus dem ostasiatischen Raum ihren Weg auch in die Kultur der alten Ägypter fanden, erlangte es hier keine solch große Bedeutung als Opfer- und Nahrungstier. Es wird berichtet, dass es zwar als Nutztier gehalten wurde, zum Beispiel um die frisch ausgesäten Körner in das Saatbett der Äcker am Nil einzutreten, doch war das Schwein andererseits wohl aufgrund seiner Lebensweise so verachtet, dass es nicht als Opfertier genommen wurde und nur den Ärmsten der Armen als Speise diente. Der Überlieferung nach ging diese Verachtung so weit, dass die Geringschätzung auch auf die Schweinehirten übertragen wurde und es ihnen verwehrt war, einen Tempel zu betreten.

Gemästet und verehrt

Ganz anders in den Kulturen der alten Griechen und Römer, die dem Schwein eine hohe Wertschätzung entgegenbrachten und die Schweinehaltung schon recht professionell betrieben. Dies bezeugen so manche Erzählungen und Beschreibungen griechischer und römischer Geschichtsschreiber. Es wurden bereits gewisse Mastverfahren entwickelt, der Stand der Schweinehirten war durchaus geachtet und das Schwein darüber hinaus als Opfertier sehr geschätzt. Davon zeugt etwa die Bezeichnung „sacres", die für Saugferkel in einem Alter von 10 Tagen benutzt wurde, weil sie dann schon als Opfer taugten.

Weiter wird von dem römischen Gelehrten Varro überliefert, dass die Schweine zu seiner Zeit um 100 v. Chr. in großen Herden gehalten wurden, die an den Klang des Hirtenhorns gewöhnt waren und so aus den Ställen in die waldreichen Weidegründe und wieder zurück diri-

Info

Dass das Schwein als Opfertier beliebt war, liegt wohl auch daran, dass es durch seine Körpergröße ein veritables Opfer darstellte und wegen seiner hohen Vermehrungsrate leicht verfügbar war.

giert wurden, was die Intelligenz dieser Tiere unterstreicht. Plinius der Ältere schreibt, dass man sich in den gehobenen Kreisen Roms nicht mit einfachem Schweinefleisch begnügt habe, das gerade vor der Haustür erzeugt wurde, sondern dass man sich Schweine extra von den Schweinezüchtern aus Sardinien kommen ließ, von denen man wusste, dass dort ganz besonders schmackhaftes Fleisch sowie der leckerste Schinken und dickste Speck erzeugt wurden.

Es gibt auch viele Geschichten über den Luxus und die Völlereien an den üppigen Tafeln der alten Griechen und Römer; so schreibt Petronius: *„Die Tafel war gedeckt: ein ganzer gebratener Eber ward aufgetragen. Das Jagdmesser wurde erhoben und in des Ebers Bauch gestoßen – da flogen zur Belustigung der Gäste aus der Wunde Drosseln hervor."*

Gut zu wissen

Im Vergleich zur heutigen Schweinefütterung auf Getreidebasis ergab sich durch die Schweinehaltung in großen Waldhutungen bei den Galliern, Germanen und bis ins Mittelalter hinein kaum eine Nahrungskonkurrenz zum Menschen.

Auch die Gallier und Germanen brachten dem Schwein eine hohe Wertschätzung entgegen. Wenn auch von den berühmt-berüchtigten gallischen Comic-Helden Asterix und Obelix vor allem der Wildschweinbraten bevorzugt wurde, so ist durch die Wissenschaft belegt, dass es zu der Zeit in Gallien bereits eine ausgeprägte Schweinezucht gab. Auch bei den weiter östlich beheimateten Stämmen, den Germanen, war das Hausschwein bereits zu einer recht hohen Kultur gekommen, die bis ins Mittelalter fortgeführt wurde. So fanden sich auf den Landgütern von Karl dem Großen auf Geheiß desselben große Schweinehaltungen mit zum Teil 300 bis 400 Tieren, die in die nahen Buchen- und Eichenwälder zur Mast getrieben wurden. Grundlage der germanischen Hausschweinzuchten und ihrer Nachfahren, deren Hochburgen sich in den waldreichen Gebieten des heutigen Westfalen, Pommern, Mecklenburg und Bayern konzentrierten, war das Europäische Wildschwein, während die römischen und gallischen Zuchten bereits vom südasiatischen Blut beeinflusst waren.

Nach der ersten Jahrtausendwende ging die Schweinehaltung in Europa wegen der starken Waldrodungen und der damit einhergehenden Reduzierung der Futtergrundlage für die zum Teil beachtlichen Schweineherden allmählich zurück. Deren Rottenmitglieder waren in ihrem Aussehen und ihrer Ernährungsweise dem Wildschwein noch sehr ähnlich.

Neuzeitliche Nutztierhaltung

Erst mit Beginn der Industriellen Revolution gewann sie wieder mehr und mehr an Bedeutung. Die größere und konzentrierte Nachfrage nach Fleisch und Fett erforderte allerdings eine andere Basis für die Schweinehaltung. Die Tiere wurden nicht mehr in Herden in die Wälder getrieben, sondern in festen Ställen gehalten und von den Bauern in größeren Beständen nahe der Städte gemästet oder als Hausschweine von den sogenannten „kleinen Leuten" auf einem bescheidenen Stück Land oder im Hinterhof als dankbare und zugleich nutzbringende Verwerter von Garten- und Küchenabfällen gehalten. Oft war hier das Schwein der Lieferant für ein geringes zusätzliches Einkommen oder es bot seinem Halter die einzige Möglichkeit, sich Fleisch, Wurst, Schmalz und Speck zu leisten und war so oft genug auch der Garant fürs Überleben.

Der Einzug der Agrarwirtschaft

Mit dem steigenden Lebensstandard stiegen auch die Bedürfnisse und die Zahl der Menschen. Die Fortschritte in der Bodenkultur und der Agrarwirtschaft erlaubten es, immer größere Tierzahlen bezogen auf eine Flächeneinheit zu halten. In dieser günstigen Situation gelang es auch den Züchtern, durch gezielte Einkreuzung englischer Rassen in die unveredelten deutschen Landschläge großrahmige, fettreiche und wüchsige Tiere zu züchten, die geeignet waren, das volumenreiche wirtschaftseigene Futter wie Rüben, Kartoffeln, Grünzeug sowie Garten- und Küchenabfälle produktiv zu verwerten.

Schweinerassen entstehen

Die Engländer ihrerseits hatten schon sehr früh damit begonnen, die auf ihrer Insel beheimateten robusten Schläge mit Schweinen aus dem ostasiatischen Raum und auch aus den Mittelmeergebieten zu vermählen. Daraus entstanden die wüchsigen und fruchtbaren englischen Landrassen mit relativ hohem asiatischen Blutanteil, die wiederum unsere alten Landschläge veredeln halfen. Die deutsche Schweinezucht hat also von der vorausblickenden Vorarbeit der angelsächsischen Nachbarn erheblich profitiert. Indessen ist es ihr Verdienst, das englische Zuchtprodukt durch geschickte Einkreuzung mit den deutschen Landrassen entsprechend den regionalen Bedürfnissen vorteilhaft verändert und gestaltet zu haben, woraus schließlich Rassen wie das Angler Sattelschwein oder das Schwäbisch-Hällische Schwein sowie später das Deutsche Edelschwein und schließlich das Deutsche Veredelte Landschwein entstanden sind.

Während England, das aufgrund seines wintermilden Klimas für die Schweinehaltung ideal geeignet ist, der Vorreiter bei der Zucht und der Gestaltung neuer Rassen war, einer Beschäftigung, der sich unsere angelsächsischen Nachbarn zum Teil mit dem ihnen angeborenen sportlichen Eifer widmeten, war die wirtschaftliche Bedeutung auf der „Insel" nicht annähernd so groß wie bei uns.

Bereits vor dem Ersten Weltkrieg hatte das Schwein im damaligen Deutschen Reich im Vergleich zu den europäischen Nachbarländern einen recht hohen Stellenwert bei der Versorgung der Bevölkerung mit Frischfleisch, Schmalz, Speck und Wurstwaren. Mit über 22 Mio.

Info
Erst die modernen Landbau- und Tierhaltungssysteme ermöglichten durch die enorme Steigerung der Arbeitsproduktivität in der Landwirtschaft die Freisetzung von Arbeitskräften für den Bedarf in der Industrie.

Wenn Sie wüssten, was man aus mir schon alles gemacht hat!

Tieren erreichte der Schweinebestand das Siebenfache von dem in Großbritannien und Irland und mehr als das Dreifache der französischen „Produktion". Lediglich die USA kamen mit annähernd 60 Mio. Tieren auf fast das Dreifache der im Deutschen Reich gehaltenen Tiere. Spitzenreiter war China mit knapp 77 Mio. Tieren. Auch heute noch sind wir Deutschen führend im europäischen Vergleich. Zusammen mit den neuen Bundesländern verfügen wir über gut ein Drittel der EU-Schweine.

Und in der Neuen Welt?

In den USA basierte die Schweinezucht vorwiegend auf dem Maisanbau, der die Mast kurzer und schwerer Schweine zur Erzeugung des beliebten Specks (bacon) sehr rentabel machte. Typische Vertreter dieses Schweinetyps sind die Duroc, Jerseys, Poland Chinas, Chester Whites und Hampshires. Bei uns konnten sich diese Rassen aufgrund ihres spezifischen Zuchtziels (bacon) nicht durchsetzen, da die Verbraucher hier mehr Wert auf mageres Frischfleisch legen. Konsequenz aus dieser Nachfrage sind die modernen Fleischtypen wie die Deutsche Landrasse, die Landrasse B, das Deutsche Edelschwein oder das Piétrainschwein sowie die entsprechenden Gebrauchskreuzungen und Hybriden aus diesen Rassen.

Geschichten, Anekdoten und Wahres vom Hausschwein

Das Schwein an sich ist eine sehr schillernde Persönlichkeit. Im Spiegelbild des Menschen erscheint es in all seinen Facetten äußerst widersprüchlich.

Wie wir aus der Geschichte des Hausschweins nunmehr wissen, hatte und hat es in den verschiedenen Weltreligionen ein sehr unterschiedliches Ansehen. In der ägyptischen Mythologie galt es als unrein und man pflegte sich oder seine Kleidung rasch zu reinigen, so man mit ihm in Berührung gekommen war. Auch bei den Muslimen und den Juden gilt das Schwein als unrein und ist damit vom Speisezettel gestrichen.

In der griechischen, römischen und germanischen Mythologie war das Schwein ein willkommenes Opfer, die Götter gnädig zu stimmen, oder auch ein probates Mittel, die Zukunft vorauszusagen. Der römische Gelehrte Varro gibt in seinen landwirtschaftlichen Schriften schon eine recht genaue Anweisung zur Haltung von Schweinen und ihrer Eignung als Medium zur Weissagung, so schreibt er:

„Die Sau (scrofa oder varro) muss, wenn sie säugt, täglich zweimal getränkt werden. Eigentlich muss sie so viele Junge bekommen, als sie Euterstriche hat. Bekommt sie weniger, so taugt sie nicht zur Zucht; bekommt sie mehr; so weissagt sie dadurch Wunderdinge."

Vom Glücksschwein, Ferkel und Schweinehund

Wenn man intensiv über die Beziehung des Menschen zum Schwein nachdenkt, wird man zu der Erkenntnis kommen, dass er sich mehr mit diesem Tier beschäftigt, als ihm gemeinhin bewusst ist. Das wird schon durch die Intensität belegt, mit der unsere Sprache vom Schwein durchdrungen ist. Da die Sprache wiederum Ausdruck unserer Gedanken und Empfindungen ist, muss man sich bei der Lektüre der folgenden Zeilen wohl oder übel eingestehen, dass sich der Mensch häufiger mit irgendwelchen „Schweinereien" abgibt, als ihm lieb ist.

Betrachten wir zunächst die positive Seite der Beziehung zum Menschen. Von jeher gilt vornehmlich das jugendliche Schwein als Glücksbringer. So wurde und wird auch heute noch jemandem, dem man „saumäßig" viel Glück wünscht, symbolisch ein Glücksschwein überreicht, sei es als Talisman oder auch höchst lebendig in Form eines quiekenden rosa Ferkels. Oder denken wir etwa an die hübschen Postkarten, die man gern guten Freunden zum Jahreswechsel schenkt und auf denen traditionell ein Schornsteinfeger mit einem adretten Schweinchen im Arm prangt.

Auch wenn der Glückssegen besonders reichhaltig über uns ausgeschüttet wurde oder wir mit knapper Not einer kritischen Situation

Gut zu wissen

Im Glücksschwein spiegelt sich unser widersprüchliches Verhältnis zu diesem Tier ganz besonders.

entkommen konnten, haben wir nicht einfach Glück, sondern wieder einmal „echtes Schwein" gehabt. Zwischendurch bieten uns die deutschen Backstuben schweinerne Köstlichkeiten in Form von süßen „Schweinsöhrchen" oder die Metzger in Gestalt des „Pfälzer Saumagens".

Viel umfangreicher ist unser schweinsbezogener Wortschatz, wenn wir die negative Seite unserer Mensch-Schwein Beziehung beleuchten. Hier finden wir eine unerschöpfliche Zahl von Wörtern, mit denen wir unangenehme Situationen trefflich beschreiben oder unsere Mitmenschen liebevoll bedenken können.

Das beginnt mit der Verwendung der üblichen Bezeichnung für das Haustier, dem dieses Buch gewidmet ist, in ganz bestimmten Lebenssituationen, in denen wir unseren Mitmenschen unseren Ärger über sie Ausdruck verleihen wollen. Dabei wird die zoologische Gattungsbezeichnung in einem entsprechenden Zusammenhang zum Schimpfwort, wie etwa „du Schwein", „du Sau", „du Wildsau", „du Ferkel". Auch eine Kombination von zwei Gattungen ist in Form des „Schweinehundes" sehr verbreitet und beliebt, wobei man jedoch genau zwischen dem inneren und dem äußeren unterscheiden sollte. Andere Kombinationen wie „Saubär" oder „Sauigel" sind ebenfalls gebräuchlich und können durchaus situationsgerecht verwendet werden.

Haben Sie jemals ein schöneres Ferkel als mich zu Gesicht bekommen?

Besondere Schmankerl schweinsbezogener Ausdrücke sind uns vor allem durch mundartliche Überlieferungen erhalten geblieben. Darunter ist der bekannteste der „Saupreiß", der von den südlichen Freistaatlern für alle Menschen verwendet wird, die nördlich des Weißwurstäquators beheimatet sind. Dabei wollen sie mit diesem abwertend respektvollen Ausdruck nicht etwa sagen, dass diese Spezies Mensch sämtlich „Charakterschweine" sind, sondern eher, dass sie wegen ihrer Andersartigkeit mit Vorsicht zu genießen sind. Oder – was dem Schwaben sein „Saukerle", ist dem Westfalen sein „Schwuineigel".

Spürschweine
Ein ungewöhnlicher Einsatzort für unsere Schützlinge ist die Verbrecherjagd beim Sondereinsatzkommando der Grenzpolizei. Dank ihres überaus guten Geruchsinnes sind sie noch besser als Hunde in der Lage, verstecktes Schmuggelgut, besonders Drogen, zu finden. Doch auch zum Aufspüren völlig harmloser und besonders wertvoller Köstlichkeiten eignet sich dieses Tier – vor allem in Frankreich landläufig bekannt als Trüffelschwein.

Auch Doppelbedeutungen sind je nach Begriffswelt im Mundartlichen anzutreffen. Während man mit „sauglatt" einen winterlichen Straßenzustand beschreiben kann, verwendet diesen Begriff der Schwabe auch für „witzig" oder „drollig"; und zwar unabhängig davon, ob die Sonne scheint oder übles „Sauwetter" herrscht. Oder – wenn wir wissen, dass das Ferkel im westfälischen Plattdeutsch „Fickel" heißt, nimmt es nicht Wunder, dass eine Gaststätte, in der Viehhändler einkehrten, im Volksmund bald als „Fickelbar" bekannt war.

Allerdings – und das sei hier nicht verschwiegen – wurde das Wort Schwein oder Sau auch für eine äußerst bösartige und unmenschliche Gefühlshetze benutzt; wenn wir an die Verfolgung der jüdischen Mitmenschen im Dritten Reich denken, die als „Judenschwein" oder „Judensau" beschimpft, verunglimpft und verspottet wurden. Doch das war kein Einzelfall. Die Vergleiche mit Schweinen, um missliebige Minderheiten ins Abseits zu stellen, sind bereits im Mittelalter sehr zahlreich; erinnern wir uns etwa an entsprechende künstlerische Darstellungen über Ketzer und das Fahrende Volk. Auch in diesem Zusammenhang sind die Abbildungen mit dem Thema „Judensau" auffällig häufig und noch heute an und in manchen christlichen Bauwerken zu finden.

Auch Martin Luther musste sich im Glaubenskrieg den Vergleich mit dem Schwein gefallen lassen, indem er auf einem Flugblatt von 1569 mit Schweinekopf zu sehen ist. Wer jedoch meint, in unserer modernen Gesellschaft sei dies überwunden, der irrt; statt „Judenschwein" kann man derzeit leider recht häufig auf Wandschmierereien von ausländerfeindlichen Extremisten das Wort „Asylantenschwein" finden, eine Tatsache, die dem aufgeklärten Bürger doch sehr zu denken geben sollte. Doch wollen wir nun dieses unerfreuliche Feld verlassen und uns anderen Facetten des Schweines zuwenden.

Wussten Sie, dass
- die Flusspferde, Verwandte unserer Schweine sind, ähnlich wie auch die Pekaris?
- es Zwergwildschweine gibt, die lediglich eine Körpergröße von 25 cm erreichen und die nur noch in einem Naturreservat namens Manas an der Grenze zwischen Indien und Butan vorkommen?
- die Hybridsau „Ilse" in einer ehemaligen DDR-Genossenschaft im Bezirk Erfurt 1989 im hohen Schweinealter von dreizehneinhalb Jahren verstarb und die starke Zahl von 300 Nachkommen hinterlassen hat, wobei sie im Jahre 1984 einen Rekordwurf von 16 lebenden Ferkeln hinlegte?
- man inzwischen Schweine auch leasen kann?
- das Ende des Schweines der Anfang der Wurst ist (frei nach W. Busch)?
- das Meerschweinchen zoologisch gesehen mit den Schweinen rein gar nichts zu tun hat, jedoch ebenso quieken kann und von manchen Indianerstämmen Südamerikas als Leckerbissen geschätzt wird, hier zu Lande jedoch aus vielerlei Gründen als Schmusetier beliebter ist als das Hausschwein?
- es der modernen Wissenschaft und besonders der Gentechnologie immer noch nicht gelungen ist, die seit langem erwartete „Eierlegende Wollmilchsau" als Kompakteinheit für den Selbstversorger zu züchten, sodass wir uns dieses Buch hätten sparen können?

Miss Piggy und Co.

Neben den erwähnten Darstellungen in der bildenden Kunst finden wir im Bereich der Karikatur wie im modernen Genre der Comics und der „Puppen"-Stars im Fernsehen eine reichhaltige Palette, bei der der menschliche Charakter über das Medium Schwein in überspitzter und doch sehr treffender Form dem Betrachter nahe gebracht wird. Herausragendes Beispiel dafür ist die berühmte Miss Piggy aus der Muppet-Show im Fernsehen, inzwischen eine Persönlichkeit, die jedem Kind, Jugendlichen und jung gebliebenen Erwachsenen landauf, landab bestens bekannt ist; oder etwa verschiedene Comic-Figuren wie das „Schweinchen Schlau", die in Comic-Heften und -Filmen entsprechende menschliche Züge verkörpern. Eine besondere Köstlichkeit sind jedoch die Schweinsfiguren mit nur allzu menschlichen Zügen in den Cartoons von „Marundes Landleben". Wer einmal wieder richtig schmunzeln oder herzhaft lachen möchte, dem sei dieser hintersinnige Humor gepaart mit typischen Szenen auf dem Bauernhof wärmstens zur Lektüre empfohlen.

Klüger als gedacht

Wer im Übrigen glaubt, ein Schwein sei nur zum Essen da, der irrt gewaltig. Dank seiner hervorragenden Umgänglichkeit, seiner hohen Intelligenz, seiner Sauberkeit und seines Familiensinns ist es recht gut als Haustier geeignet. In den USA, dem Trendmaker Europas, ist es heutzutage nicht unüblich, statt einer Katze oder eines Hundes beispielsweise ein vietnamesisches Hängebauchschwein zu halten, wie folgendes Zeitungszitat verdeutlichen mag:

„Seinen Konkurrenten um den Platz an Herrchens und Frauchens Seite ist es um einige Rüssellängen voraus. Es beißt keinen Briefträger und bellt den Mond nicht an, zerkratzt keine Möbel und besteht nicht auf einem Kuschelplatz am Kamin. Es kann stundenlang vor dem Fernseher ausharren, apportieren, schwimmen und lässt sich an der Leine führen. Und stinken tut ein richtiges Hängebauchschwein auch nicht."

Museumsreif

Zum Schluss dieser Betrachtungen möchten wir allen Interessierten und Liebhabern der Schweinegattung noch ein nettes Ausflugsziel ans Herz legen, das man, so man in der Nähe zufällig zu tun hat oder mit der Familie auf Urlaubsfahrt einen Abstecher machen möchte oder überhaupt nicht sehr weit entfernt beheimatet ist, unbedingt ansteuern sollte. Unser Ziel liegt in einer großen Stadt am Neckar zwischen Wald und Reben und ist das Schweinemuseum in Stuttgart.

In dieser Fundgrube ist alles liebevoll zusammengetragen, was mit dem Schwein zu tun hat. Angefangen von einfachen Bildpostkarten über allerlei Nippes, alte Reklame- und Wirtshausschilder, satirische Zeichnungen, Spielzeug, Gesellschaftsspiele, Krawattennadeln, Puppen und Plüschtiere, ein wunderschönes Karusselschwein bis hin zu Miss Piggy in Lebensgröße ist so manche überraschende Entdeckung zu machen und Ausgefallenes zu bestaunen und das in einer sehr entspannten, gemütlichen und vor allem kinderfeundlichen Atmosphäre. Wer sich von diesen Exponaten nicht einfangen und begeistern lässt, dem sei im wahrsten Sinne des Wortes das Etikett „Perlen vor die Säue werfen" angeheftet.

Gut zu wissen

Das Schweinemuseum in Stuttgart nutzt sinnigerweise das Ambiente des dortigen alten Schlachthofs. Doch keine Scheu, es ist ein höchst attraktives Zeugnis unserer Zeitgeschichte – mit integriertem Gasthaus.

Jedem sein Schwein

Info

Es gibt keine Tierart von gleicher Größe, die es in Sachen Fruchtbarkeit mit dem Schwein aufnehmen kann. Bei der Sau tritt die Geschlechtsreife bereits im Alter von 6 Monaten ein; sie bringt zwei Würfe im Jahr mit je 8 bis 14 Ferkeln.

Die heute dominierenden Hochleistungsrassen, die die Grundlage für Gebrauchskreuzungen beziehungsweise Hybridrassen bilden, mit Masttieren von sehr guter Futterverwertung und hohem Fleischzuwachsvermögen, sind ein Produkt der Wissenschaft und der praktischen, hocheffizienten Züchtungsarbeit. Allerdings musste dieses hohe Leistungsvermögen mit Nachteilen erkauft werden, die sich sogar bis auf das Endprodukt Fleisch negativ ausgewirkt haben; denken wir etwa an die bei manchen Rassen sehr geringe Stress-Resistenz. Große Anstrengungen werden daher seitens der Züchter und Halter unternommen, diesem Problem zu begegnen.

Mit seiner Fruchtbarkeit ist das Schwein ein ideales Tummelfeld für die Zucht beziehungsweise Züchter und „geeignet" zur fabrikmäßigen

Das ideale Schwein, früher und heute.
Links: typisches Fettschwein um 1920, massig und mit viel Speck auf den Rippen, schlachtreif mit 120–150 kg nach gut einem Jahr.
Rechts: typisches Fleischschwein heute, lang gestreckt und gut bemuskelt, schlachtreif mit 90–100 kg nach knapp einem halben Jahr.

„Produktion" sowie zur flexiblen Reaktion auf die sich wandelnden Wünsche der Verbraucher. Ein Beispiel ist die Umzüchtung des Fettschweines zum Fleischschwein in den 1950er-Jahren.

Folgen der Zucht

Bei keiner Nutztierart sind nur so wenige Rassen übrig; daher ist es geboten, das Restpotenzial an wertvollem Genmaterial zu erhalten. Der Grund für diese Verarmung liegt unter anderem darin, dass nur auf wenige Rassen beschränkt Reinzucht betrieben wurde, die wiederum als Basis für vielfältige Gebrauchskreuzungen dienten. Setzt man die circa 40 000 Herdbuchtiere (Mitte der 1980er-Jahre) ins Verhältnis zum Gesamtschweinebestand von rund 40 Mio., wird diese Situation sehr deutlich. Die vier gängigsten und wirtschaftlich bedeutendsten Rassen in der Bundesrepublik Deutschland machen fast 100 % der Herdbuchtiere aus.

Doch gibt es noch einige Rassen, die uns, die wir nur eine kleine Herde von Schweinen als Hobby oder zur Selbstversorgung mit kleinem Nebenverdienst halten, die Möglichkeit bieten, unproblematische und robuste Tiere aufzuziehen und zugleich qualitativ hochwertiges

Eine höchst attraktive Wahl für den Selbstversorger und ein Hingucker ist das Mangalitza-Schwalbenbauchschwein.

Fleisch zu gewinnen. Dabei sollte die Wahl der Rasse oder einer entsprechenden Kreuzung von den baulichen und organisatorischen Möglichkeiten sowie von dem mit der Haltung von Schweinen bestimmten Zweck abhängig sein. So gesehen, wird die Überschrift zu diesem Kapitel sicher verständlich.

Die wichtigsten Schweinerassen

Wie die einzelnen Schweinerassen sich voneinander unterscheiden und welche davon für den Selbstversorger geeignet sein können, soll im Folgenden ausführlich dargelegt werden.

Deutsche Landrasse

Die Deutsche Landrasse, entstanden aus dem Veredelten Deutschen Landschwein, das wiederum in seinem Ursprung aus einer Verbindung des Marschschweins mit dem englischen Large White zurückgeht, ist die dominierende Rasse im deutschen Zuchtgebiet.

Besondere Leistungsmerkmale: Aufgrund der züchterischen Anstrengungen verfügt diese Rasse naturgemäß über eine sehr gute Fleisch-

Deutsche Landrasse (DL), die bei weitem am stärksten verbreitete Rasse in Deutschland.

leistung bei hohen täglichen Zunahmen, verbunden mit einer guten Fruchtbarkeit und sehr ansprechenden Aufzuchtergebnissen.

Piétrain

Das Piétrainschwein wurde in Belgien erzüchtet aus Schweinen französischer Herkunft, die jedoch wiederum auf der englischen Zucht basieren. Es hat seinen Namen von dem Dorf, in dem es zuerst von einem Züchter und schließlich dank seiner guten Schinken von einer verschworenen Gemeinde weitergezüchtet wurde. In der Bundesrepublik wird diese vorwiegend schwarz oder grau gefleckte Rasse mit weißer Grundfarbe und kurzen Stehohren hauptsächlich in Norddeutschland gehalten und nimmt inzwischen, beginnend mit den 1970er-Jahren, die zweite Position, gemessen an der Zahl der gehaltenen Tiere, ein.
Besondere Leistungsmerkmale: Dem Piétrain wird eine besondere Fleischfülle, vor allem eine starke Ausbildung der Hinter- wie Vorderschinken bei geringer Neigung zum Fettansatz nachgesagt. Gegen die guten Eigenschaften steht jedoch eine im Vergleich mit den übrigen Leistungsrassen schwächer ausgebildete Futterverwertung und ein höherer Anteil an stressanfälligen Tieren. Auf die Verminderung der letztgenannten Eigenschaften wird bei der Zucht verstärkt Wert gelegt. Von der Piétrain-Rasse werden vorwiegend Vatertiere für Gebrauchskreuzungen verwendet.

> *Gut zu wissen*
>
> *Der Piétrain-Eber ist der „klassische" Kreuzungspartner zur Erzeugung von Mastschweinen. Er bringt die Performance für ausgeprägte Schinken und Kotelettes in das Kreuzungsprodukt.*

Landrasse B

Die Landrasse B (Belgische Landrasse) wurde in Belgien herausgezüchtet unter Verwendung der dort gehaltenen Landrassen und Tieren der Rasse Piétrain. In der Bundesrepublik wurden diese Tiere etwa in den letzten 25 Jahren unverändert übernommen und für Gebrauchskreuzungen verwendet.
Besondere Leistungsmerkmale: Entsprechend dem Zuchtziel entwickelt diese Rasse ein hohes Maß an Fleischbildungsvermögen bei einem günstigen Fleisch-Fett-Verhältnis und ausgeprägten Schinken. Die täglichen Zunahmen sind allerdings nicht so hoch wie bei der Deutschen Landrasse. Darüber hinaus findet man einen relativ hohen Anteil stressanfälliger Tiere.

Deutsches Edelschwein

Das Deutsche Edelschwein geht in seinem Ursprung wie der Typ der Deutschen Landrasse auf eine frühe Verbindung aus dem deutschen Marschschwein und dem englischen Large White (Yorkshire) zurück. Allerdings haben sich bei dem Edelschwein im Gegensatz zur Deutschen Landrasse als äußerliches Erkennungsmerkmal die Stehohren

Deutsches Edelschwein, eine Rasse, die man nur noch regional konzentriert findet.

des Large White durchgesetzt, was wohl ein Ergebnis der hier durchgeführten Verdrängungskreuzung ist.

Besondere Leistungsmerkmale: Dem Edelschwein wird ein geringeres Fleischbildungsvermögen zugeschrieben als den beiden vorhergehenden Rassen, dafür jedoch eine gute oder bessere Fleischbeschaffenheit; ein Merkmal, das von vielen kritischen Verbrauchern wieder höher eingeschätzt wird. Dazu gesellen sich Frohwüchsigkeit wie auch geringe Stressanfälligkeit.

Alte Rassen

Die nun folgenden Schweinerassen haben oder hatten ihre wirtschaftliche Bedeutung in den vergangenen 60 Jahren weitgehend bis vollständig eingebüßt. Sie wurden jedoch unter dem Blickwinkel einer qualitätsorientierten Fleischerzeugung, vor dem Hintergrund intensiver Bemühungen zu tiergerechteren Haltungsverfahren und nicht zuletzt als Genreserve wieder entdeckt.

Schwäbisch-Hällisches Schwein

Eine Renaissance erlebt derzeit eine regionale Rasse in Süddeutschland, das Schwäbisch-Hällische Schwein. Für den unbedarften Beob-

Die wichtigsten Schweinerassen

Das Schwäbisch-Hällische Schwein erlebt in Süddeutschland eine Renaissance.

achter, der nur weiße (rosa) Schweine gewohnt ist, bietet es einen extravaganten Anblick. Mit seinem in Schwarz gehaltenen Vorderteil (Kopf, Schlappohren und Hals), bei dem der Übergang zum weißen Rumpf von einem in Grau gehaltenen „Kragen" gebildet wird, und seinem in umgekehrter Reihenfolge sich wiederholenden farblichen Abschluss, also einem schwarzen Hinterteil und einem schwarzen Schwanz, der wiederum als I-Tüpfelchen eine weiße Spitze besitzt, ist es eine recht imposante und gleichzeitig ungewöhnliche Erscheinung.

Es handelt sich hier um einen bis in das 18. Jahrhundert zurückgehenden Typ aus Württemberg (den sogenannten Hällischen Schlag), der allerdings erst in der ersten Hälfte des 20. Jahrhunderts einen gefestigten Rassestandard als veredeltes Landschwein erhielt. Basis dafür waren die Kreuzungen dieses alten hochwertigen Landschlages mit verschiedenen englischen Rassen. Seine Hauptverbreitung hatte dieses veredelte Landschwein seinerzeit um Schwäbisch Hall, Crailsheim, Bad Mergentheim, Künzelsau, Öhringen und angrenzende Gebiete. Da es mit Beginn der 1950er-Jahre mit den angesprochenen Fleischschweinetypen nicht mehr voll konkurrenzfähig war, starb es bis Ende der 1970er-Jahre fast aus.

Besondere Leistungsmerkmale: Nach einer leichten Umstellung im Typ in Richtung Fleischschwein liefert das Schwäbisch-Hällische heute eine außergewöhnlich gute Fleischqualität. Dazu gesellt sich positiv

Info
Wesentlich beteiligt an diesem auffälligen Erscheinungsbild waren chinesische Maskenschweine, die König Wilhelm I. von Württemberg 1821 in seine Staatsgüter holte.

Das Angler Sattelschwein (und Kreuzungen daraus) ist geeignet für die Freilandhaltung und hat beste Muttereigenschaften.

seine Frühreife und außerordentliche Fruchtbarkeit sowie ein gutes Aufzuchtvermögen (Milchreichtum und gute Muttereigenschaften).

Angler Sattelschwein

Ein ähnliches Schicksal erlitt das Angler Sattelschwein. Es fand in Deutschland seine größte Verbreitung in Schleswig-Holstein und ist ebenfalls zum Typ des veredelten Landschweins zu rechnen. Die entscheidenden, zumindest äußerlichen Merkmale dieser Rasse gehen auf eine Kreuzung eines unveredelten bunten Landschweintyps mit dem englischen Saddleback-Schwein zurück, das in der Grundfarbe schwarz ist und einen weißen, scharf abgegrenzten Gürtel im Bereich der Vordergliedmaßen besitzt.

Dieser „Gürtel" ist beim Angler Sattelschwein wesentlich breiter, indem er den gesamten vorderen Rumpf umfasst. Der Kopf mit den Schlappohren ist jedoch schwarz, ebenso die hintere Rumpfhälfte. Auf den ersten Blick könnte der Unerfahrene diese Rasse mit dem Schwäbisch-Hällischen verwechseln, zumal beide Rassen sich auch von Körpergröße und Gewicht her – sie zählen zu den Schwergewichten – sehr ähnlich sind.

Besondere Leistungsmerkmale: Das Angler Sattelschwein gilt als frohwüchsig, jedoch im Fleisch-Fettverhältnis als nicht optimal im Hinblick auf die aktuellen Verbraucherwünsche. Allerdings konnte man hier in den letzten Jahren züchterisch eine gewisse Verbesserung erreichen.

Gut zu wissen

Wie das Schwäbisch-Hällische Schwein trägt das Angler Sattelschwein in seinen Genen positive Eigenschaften vom Chinesischen Maskenschwein, wie besondere Fruchtbarkeit und Mütterlichkeit.

Die wichtigsten Schweinerassen 31

Schwarz-Weißes Bentheimer Schwein, eine Rasse mit nur noch lokaler Bedeutung und hiermit zur Wiederentdeckung freigegeben.

Darüber hinaus ist es robust, daher als Weideschwein hervorragend geeignet, und verfügt über eine hohe Fruchtbarkeit sowie ein gutes Aufzuchtvermögen (Milchreichtum und gute Muttereigenschaften).

Schwarz-Weißes Bentheimer Schwein

Eine weitere Rasse mit nur sehr eingeschränkter regionaler Bedeutung war und ist das Schwarz-Weiße Bentheimer Schwein. Es zählt vom Typ zu den mittelgroßen Schweinen mit einem lang gestreckten Körper und Schlappohren. Die helle Grundfarbe wird verschiedentlich von schwarzen Flecken überdeckt. Seine ehemals große Bedeutung vor allem in Niedersachsen war etwa zur Mitte des vergangenen Jahrhunderts bis auf einen kleinen Bestand in der Grafschaft Bentheim/Niedersachsen geschrumpft. Nach verschiedenen Versuchen mit Einkreuzungen des Angler Sattelschweines und Piétrain arbeitet man jetzt am Erhalt und Aufbau dieser Rasse, die auch als Buntes Deutsches Schwein oder Bentheimer Landschwein bekannt ist.
Besondere Leistungsmerkmale: Das Bentheimer Landschwein gilt als robust und hat eine akzeptable Futterverwertung. Es wirft frühreife Ferkel bei einem guten Aufzuchtvermögen. Es ist ausschließlich stressresistent und könnte deshalb für verschiedene Einkreuzungen durchaus gewinnbringend sein.

Unveredelte Landschweine

Von den unveredelten Landschweinetypen (robuste Weideschweine), die reinrassig in Deutschland gezüchtet wurden, sollen die zwei einzigen im Folgenden kurz beschrieben werden.

Das unveredelte Hannover-braunschweigische Landschwein

Es war in der Farbzeichnung dem Schwäbisch-Hällischen nicht unähnlich, jedoch konnte es vom Typus her seine noch nahe Verwandtschaft zum europäischen Wildschwein nicht verleugnen. Der trockene Kopf mit dem langen, spitzen Rüssel und den relativ kleinen, aufrecht stehenden Ohren ging über in einen schmalen Hals und einen flachen Rumpf, der von schlanken, feingliedrigen Beinen getragen wurde.

Besondere Leistungsmerkmale: Es handelte sich um ein robustes und wetterhartes Weideschwein mit ausgeprägt borstigem Haarkleid und relativ grober Haut, dessen festes Fleisch und kerniger Speck gut zur Herstellung von Dauerwaren geeignet war. Diese Tiere wurden vielfach zur Erzeugung von Kreuzungsferkeln verwendet, die, etwa durch Anpaarung mit dem Edelschwein, Tiere lieferte, die den Ansprüchen eines veredelten Landschweines sehr nahe kamen.

Der Vorteil des Hannover-braunschweigischen Landschweines bestand darin, dass die Reinzuchttiere als Ausgangsmaterial extensiv gehalten werden konnten. Das heißt, die Sauenherde verursachte dank ihrer robusten Haltungsweise nur sehr geringe Kosten bei gleichzeitiger

Das Wollschwein oder Mangalitza-Schwein ist für die Robusthaltung besonders geeignet.

Aufzucht gesunder Kreuzungstiere mit angemessener Frohwüchsigkeit und rentabler Fleischfülle, besonders wenn die Jungtiere von Anfang an eine gute Ernährungsgrundlage bekamen.

Das unveredelte bayerische Landschwein

Der größte Teil des zuvor Gesagten trifft auch auf dieses Schwein zu, das ebenfalls vorwiegend als Weideschwein genutzt wurde und mit der Einschränkung der früher ausgedehnten Gemeindeweiden und der stärkeren Nachfrage nach jungem, zartem Fleisch in Konkurrenz zu den produktiveren veredelten Landschlägen immer mehr zurückgedrängt wurde. Es entsprach vom Exterieur her etwa dem schwarz-weißen Hannover-braunschweigischen Schwein, war jedoch kleiner und leichter sowie farblich ganz anders gestaltet. Während nämlich das Vorderteil einschließlich Kopf und Gliedmaßen weiß bis gelblich gehalten war, war das Hinterteil in kräftig rötlich bis braunrötlicher Farbe kontrastreich abgesetzt.

Wollschweine und Hängebauchschweine

Zwei für deutsche Verhältnisse außergewöhnliche Vertreter der Gattung Schwein seien zum Schluss noch kurz vorgestellt. Zwar haben beide hier zu Lande keinerlei wirtschaftliche Bedeutung, jedoch zumindest einen hohen Liebhaberwert und im Vergleich zu unserem gängigen Schwein zum Teil erstaunliche Eigenschaften.

Die Wollschweine oder Mangalitza-Schweine

Sie sind in den südosteuropäischen Ländern, insbesondere in Ungarn, beheimatet oder waren dort beheimatet, denn es gibt nur noch kleine Restbestände dieser ursprünglich weit verbreiteten Rasse. Die Wollschweine wurden auf hohe Speckleistung gezüchtet, wie es in der Operette „der Zigeunerbaron" vor gut 100 Jahren anschaulich und eindringlich besungen wurde.

Beim Wollschwein lassen sich zwei Hauptvertreter unterscheiden, und zwar ein etwas weiter verbreiteter Typus mit grauer Hautfarbe, dicht stehenden braunen gekräuselten Borsten und mehr gelblicher Unterwolle, wobei in Annäherung zur Wildform die Rüsselspitze und -scheibe sowie die Augenlider und der After dunkel bis schwarz erscheinen. Ein zweiter, sehr auffälliger Typus, der fast ausschließlich in Ungarn vorkam und

Info
Die Wollschweine sind bekannt für ihren ausgeprägten Familiensinn. Die sonst übliche Aggressivität lässt der Eber vermissen. Er lebt friedlich mit Sau und Nachwuchs und kann von daher ständig mit den übrigen Tieren laufen. Die Fortpflanzung erfolgt problemlos auf natürliche Weise und die Aufzucht gelingt den Eltern dank ihres ausgeprägten Brutpflegetriebs in der Regel ohne Verluste. Es wurde beobachtet, dass die Elterntiere die Ferkel bei großer Kälte Bauch an Bauch liegend in die Mitte nahmen, um sie zu wärmen.

dort als ausgestorben gilt, ist das Mangalitza-Schwalbenbauchschwein, das seinen Namen von seiner Farbgebung ableitet, die mit einem schwarzen Rücken und hellem Unterteil dem einer Schwalbe ähnelt. Beide Typen sollen auf die Szalontaer und Bakonyer (zwei kraushaarige Urrassen) zurückzuführen sein.

Besondere Leistungsmerkmale: Wollschweine sind einerseits äußerst genügsam und ausgesprochen wetterhart, andererseits verfügen sie über eine akzeptable Futterverwertung, die sie bei guter Fütterung schnell an Gewicht zunehmen lässt. Bei ihrer durchaus rahmigen, aber im Vergleich zu unseren gängigen Mastschweinen etwas kleineren Statur sind sie auf jeden Fall geeignet, bei extensiver Haltung und einer etwas stärkeren Fütterung einige Wochen vor ihrem beabsichtigten Ableben ansprechende Fleischportionen zu liefern. Das Fleisch, von dunkler Farbe und leicht fett-marmoriert, wird heute von Feinschmeckern geschätzt, soweit man die Tiere entgegen ihrem ursprünglichen Leistungsziel nicht so stark ausmästet, dass sie reichlich Speck ansetzen.

Wollschweine haben einen starken Bewegungsdrang und sind völlig stressunempfindlich. Am Bodensee wurden Wollschweine (Schwalben-

Das Minischwein erfreut sich nicht nur in Nordamerika als Haustier großer Beliebtheit.

bauchschweine) zeitweise als umweltfreundliche „Rasenmäher" eingesetzt, die auf einer von seltenen Watvögeln als Nistplatz bevorzugten Halbinsel die Vegetation niedrig halten sollten. Im Alpen-Nationalpark Berchtesgaden werden sie zur Bekämpfung des hartnäckigen Alpenampfers eingesetzt, einem Weide-(un)kraut, das sich sonst über die Maßen ausbreiten würde. Ihre erste Testphase haben sie dabei mit Bravour bestanden. Im Übrigen sind sie die einzigen Hausschweine, die ähnlich ihren wilden Artgenossen gestreifte Ferkel zur Welt bringen.

Info
Die Kleinwüchsigkeit des Hängebauchschweines wird auch von der Wissenschaft genutzt, wo sie Tiere mit einer handlichen Körpergröße zu Experimentierzwecken verlangt. Ein Resultat entsprechender Kreuzungen aus Minnesota Minipigs und Vietnamesischen Hängebauchschweinen ist das Göttinger Minischwein, das inzwischen als gefestigte Versuchs-Schweinerasse in die Labors vieler Länder Einzug gehalten hat. Das Hängebauchschwein hat als seinen Erbteil neben der Kleinwüchsigkeit vor allem auch seine herausragende Fruchtbarkeit beigesteuert.

Das Hängebauchschwein

Eine zweite, in unseren Breiten auffällige Erscheinung unter den Schweinen ist das Hängebauchschwein, das sein größtes Verbreitungs- und wohl auch Ursprungsgebiet in Vietnam hat, aber auch in Nordamerika und Europa gehalten wird. Dieser kleinwüchsigen Rasse mit ihrer schieferfarbenen oder schwarzweiß gefleckten Haut, dem kompakten Kopf mit den kurzen Stehohren und dem stark eingedellten Rüssel sowie dem walzenförmigen Rumpf mit dem durchhängenden Bauch auf kurzen Beinen ist wohl jeder von uns schon einmal im Zoo begegnet.

In einem zoologischen Garten wurden diese Schweine auch in der Mitte des 19. Jahrhunderts erstmals dem staunenden Publikum präsentiert. Während das vom Bindenschwein abstammende Hängebauchschwein in Vietnam als bodenständige Rasse gehalten wird, finden wir es in Amerika und Europa fast ausschließlich in zoologischen Gärten oder in den Händen von Hobbyhaltern. In Amerika ist derzeit sogar ein Boom nach diesem handlichen und umgänglichen Schweinetyp ausgebrochen, der soweit geht, dass einige Tierfreunde dieses Haustier einem Hund vorziehen und dabei so manchen Vorteil für sich verbuchen können, denn Schweine sind gelehrig, zutraulich, familiär und sehr reinlich. Darüber hinaus sind sie die besten Abfallverwerter, beißen keinen Briefträger und stören den Nachbarn nicht mit unnötigem Gebell, wie bereits in der Einleitung zitiert wurde.

Besondere Leistungsmerkmale: Hängebauchschweine sind, obwohl man es nicht vom äußeren Anschein her vermutet, sehr lebhaft und aktiv. Auch der durch ihren durchhängenden Bauch und die starken Hautfalten im Bereich des Kopfes und der Lenden sich aufdrängende Eindruck von viel Speckmasse täuscht. Vielmehr besitzen sie eine ausgeprägte Muskulatur und bei mäßiger Fütterung nur geringe Neigung zum Fettansatz. Darüber hinaus gilt dieses Schwein als extrem frühreif und nachzuchtfähig mit sehr umfangreichen Würfen.

Geeignete Rassen für Selbstversorger

Generell ist es möglich, jede Rasse oder jede Gebrauchskreuzung bei entsprechender Unterbringungsmöglichkeit für die Selbstversorgung zu halten. Doch es gibt bezüglich des erzielbaren Nutzens in Abhängigkeit von den Möglichkeiten der Unterbringung und Fütterung erhebliche Unterschiede bei der Auswahl der Tiere.

Grundsätzlich sollten wir nur stressresistente Rassen oder Abkömmlinge von solchen für uns in Betracht ziehen. Wenn wir davon ausgehen, dass wir vorwiegend volumenreiches Futter wie frische oder gekochte Gartenabfälle sowie etwa Kartoffeln und Rüben verfüttern wollen und darüber hinaus den Tieren auch Weidemöglichkeiten anbieten können, dann schränken sich die Möglichkeiten bereits auf Rassen ein, die einerseits das volumenreiche und nicht hoch konzentrierte Futter in entsprechende Zunahmen umzusetzen vermögen und andererseits für einfachere Haltungsbedingungen robust sind. Die Entscheidungssituation lässt sich am besten an zwei Beispielen verdeutlichen:

1. Beispiel

Die nutzbringende Verwertung der vorgenannten volumenreichen Futtermittel und ihre Umwandlung in qualitativ hochwertige Fleisch- und Wurstwaren steht im Vordergrund des Interesses. Die Unterbringung erfolgt in einem geschlossenen Stall mit (beschränkter) Auslaufmöglichkeit (eigene Nachzucht ist nicht vorgesehen).

In diesem Fall kommen im Prinzip alle Rassen oder Gebrauchskreuzungen in Betracht, die stressresistent sind, also Standardrassen wie die Deutsche Landrasse und das Deutsche Edelschwein, alte Schwergewichte wie das Schwäbisch-Hällische und das Angler Sattelschwein und als Mittelgewicht das Deutsche Bunte Schwein oder Bentheimer Landschwein sowie entsprechende Kreuzungen.

2. Beispiel

Neben dem Gewinn qualitativ hochwertiger Fleisch- und Wurstwaren steht die Freude an der Haltung von Schweinen im Vordergrund, wobei eine einfache (Offen)Stallhaltung mit ausgedehnter Auslauf- und Weidemöglichkeit geboten wird. Eigene Nachzucht ist erwünscht.

Hier hat das Schwäbisch-Hällische Schwein hinsichtlich seiner Robustheit gewisse Grenzen, wiewohl es in seinen anderen Eigenschaften wie außergewöhnliche Fruchtbarkeit, gepaart mit einem guten Aufzuchtvermögen und seiner hoch gelobten Fleischqualität (das Fleisch wird in Süddeutschland nahezu ausschließlich über ein spezielles Markenfleischprogramm vermarktet) für den Selbstversorger sehr

Info

Die Entscheidung über die geeignete Schweinerasse ist immer ein Kompromiss zwischen dem Haltungsziel und den vorhandenen Möglichkeiten für die Haltung.

Hier das Ergebnis eines „unkontrollierten" Zuchtverfahrens.

attraktiv ist. Dem Angler Sattelschwein und dem Bentheimer Landschwein werden eine höhere Robustheit und gute Gesundheit nachgesagt, allerdings auch eine gute Fleischqualität und hervorragende Aufzuchtleistungen, sodass sie für einfache Haltungsbedingungen mit entsprechendem Weidegang sehr gut geeignet sind.

Selbstverständlich sind auch entsprechende Kreuzungen dieser Tiere untereinander wie auch mit unseren Wirtschaftsrassen durchaus in der Lage, unseren Vorstellungen über ein „glückliches Schwein" zu entsprechen.

Eine Sonderstellung nehmen die Wollschweine ein. Sie sind für eine ausgesprochen extensive Haltung, auch weiter entfernt von Haus und Hof, hervorragend geeignet, wobei der Eber ganzjährig frei laufen kann und sich somit auch die Nachzucht natürlich regelt.

Als reines Hobby gilt bei uns und in den USA die Haltung von Mini-Pigs und vor allem von Hängebauchschweinen. Sie sind für Auslauf und eine feste Unterkunft dankbar. Über ihre Fleischqualität soll hier nur gesagt werden, da keine aussagefähigen Erfahrungen aus einer wirtschaftlichen Nutzung vorliegen, dass sie entgegen abzuleitender Vermutungen aus ihrem äußeren Erscheinungsbild bei nicht zu starker Fütterung nicht sehr zum Fettansatz neigen.

Selbstverständlich sei es jedem Schweinehalter unbenommen, auch andere Rassen oder Kreuzungstiere zu verwenden und aufgrund der spezifischen Gegebenheiten und Neigungen mit seinen Schweinen entsprechend dem eingangs erwähnten verballhornten lateinischen Sprichwort „Suum suique" oder sehr frei übersetzt „Jedem sein Schwein" glücklich zu werden.

Gut zu wissen

Carla, eine Minischweindame, lebt auf einem Reiterhof und sie ist der Star. Obwohl sehr zart gebaut, ist sie gegenüber den anderen Hoftieren äußerst durchsetzungsfähig.

Züchtungsfragen

Der Begriff der Rasse bezieht sich üblicherweise auf Nutztiere, während bei den Wildtieren die Einteilung mit Art und Gattung endet. Die Herausbildung einer Rasse ist sozusagen ein „Kunstprodukt" von Menschenhand, das sich allerdings in Gestaltungsvielfalt und Ausprägung der Tierrasse an den eng gesteckten biologischen Grenzen orientieren muss.

Dabei stellt ein gewisses Maß an Sicherheit der Vererbung, das in der tierischen Zelle als genetischer Code vorgegeben ist, die Grundlage der eigentlichen Züchtung dar. Während dafür der praktische Züchter bis heute lediglich die Möglichkeit hat, in Versuchen mit verschiedenen Tierkombinationen (Kreuzungen) herauszufinden, welche Paarung im Ergebnis dem gewünschten Erfolg am nächsten kommt, also durch Auswahl (Selektion) verschiedener Rassen und ihrer Kombinationen und Rekombinationen an sein Ziel zu gelangen sucht, werden in der modernen Genforschung inzwischen Wege beschritten, die eine direkt vorhersehbare Verbindung von Eigenschaften (Merkmalen) ermöglichen. Dies geschieht dadurch, dass der Gen-Code, durch den die Erbinformation fixiert ist, identifiziert und markiert wird und schließlich aus dem Gesamtkomplex der Erbinformation herausgelöst wird, um gezielt eine bestimmte Eigenschaft einer Rasse in eine andere übertragen oder verstärken zu können.

Diese faszinierenden und zugleich in ihrer Tragweite zunächst erschreckenden Möglichkeiten fallen unter das heute viel zitierte Schlagwort „Gentechnologie".

Traditionelle Zucht

Doch wollen wir uns mit der Gentechnik hier nicht weiter beschäftigen, sondern die traditionellen Züchtungsverfahren und -möglichkeiten für den Selbstversorger und Hobbyhalter näher beleuchten.

Grundlage einer Zucht sind gesunde und von Mängeln freie Tiere mit guter Konstitution. Beim Kauf seiner Tiere sollte sich der Unerfahrene daher von einem Fachmann begleiten und beraten lassen, denn je besser das „Ausgangsmaterial" ist, desto leichter ist das gesteckte Zuchtziel zu erreichen. Doch auch der Nichtfachmann kann sich vor Tieren mit augenfälligen Mängeln schützen, wenn er die Hauptmängel kennt.

Info

Unter einer Rasse versteht man eine größere Gruppe von Nutz- oder Haustieren derselben Art, die in ihrem äußeren Erscheinungsbild (wie Farbe, Behaarung, Körperform, Größe) sowie den körperlichen (wie Fleischfülle, Fruchtbarkeit) und auch im weitesten Sinne psychischen Leistungsmerkmalen (wie Temperament, Wesensart) innerhalb definierter Gruppen weitgehend gleich sind und diese Eigenschaften (Merkmale) mit hoher Sicherheit an ihre Nachkommen weitergeben (vererben).

Hauptmängel
- Schmale, eingeschnürte Brustpartie
- Senk- oder, im anderen Extrem, Karpfenrücken
- überdimensionaler Kopf
- Hängebauch
- flache Rippen
- O- oder X-Beine
- Fressunlust und Teilnahmslosigkeit

Zuchtziel

Mit der Züchtung von Nutztieren ist immer auch ein Zuchtziel verbunden, nämlich die Leistungsmerkmale einer Rasse zum Wohle des Betriebes zu verbessern. Da die Anforderungen an die tierischen Produkte (mit Blick auf die Verbraucherwünsche) einem Wandel unterworfen sind (Speckschweine, Fleischschweine usw.), ändert sich notgedrungen dadurch auch das definierte Zuchtziel. Mithin ist die Tierzüchtung generell eine Aufgabe, die sich ständig neu stellt.

Wenn wir für den Leserkreis dieses Buches auch davon ausgehen können, dass sich nur wenige darunter befinden werden, die eine wirtschaftlich orientierte Züchtung betreiben wollen und können, sondern dass ihnen eher daran gelegen ist, eine ihnen ans Herz gewachsene Rasse zu erhalten und zu vermehren, so wollen wir doch die wesentlichen Elemente der Tierzüchtung und der Züchtungsverfahren kurz erläutern.

Hat der Züchter als Grundlage für seine Schweinezucht eine oder mehrere gesunde Mutterschweine erstanden, die neben der allgemeinen Gesundheit auch über eine entsprechend gute Ausprägung der geforderten Rassemerkmale verfügen, gilt es nun, ein geeignetes Vatertier zu finden.

Der große Einfluss des Vatertieres wirkt sich nicht nur hinsichtlich einer Verbesserung der Eigenschaften der Nachkommen als bedeutsam aus, sondern schon allein beim Erhalt des Zuchtbestandes. Ein schlechter Eber kann schließlich eine ganze Nachkommengeneration „ruinieren".

Gut zu wissen

Je sorgfältiger und gezielter die Auswahl des Ebers erfolgt, desto aussichtsreicher ist der Zuchterfolg, denn ein einzelner Eber übt durch die Weitergabe seiner Erbanlagen den gleichen Einfluss auf die Nachkommenschaft aus wie die ganze Sauenherde zusammengenommen.

Zuchtverfahren

Grundelement einer planvollen Züchtung ist somit die strenge Auswahl (Selektion) der Zuchttiere nach Erscheinungsbild und Leistung. Darauf basierend kann man verschiedene Züchtungsverfahren unterscheiden.

Reinzucht

Bei der Anpaarung von Tieren gleicher Rasse spricht man von Reinzucht, wobei man hier beachten muss, dass die Verwandtschaftsverhältnisse nicht zu eng werden. Die Paarung von Geschwistern und Halbgeschwistern (engste Verwandtschaftszucht) sollte man möglichst meiden, während weitere Verwandtschaftsverhältnisse (weitere Inzucht) durchaus positive Wirkung haben können, jedoch nur in der Hand des ausgesprochenen Fachmanns.

Kreuzungen

Bei der Kreuzung handelt es sich um die Anpaarung von Tieren unterschiedlicher Rassen oder reiner Rassen mit Tieren, die bereits aus

Kreuzungen hervorgegangen sind. Hier unterscheidet man wiederum die Veredelungskreuzung mit dem Ziel der Verbesserung einer Rasse (zum Beispiel unveredeltes Landschwein mit Edelschwein) oder die Verdrängungskreuzung, bei der in die weiblichen Kreuzungstiere wiederholt so lange fremdes Blut männlicher Tiere eingekreuzt wird, bis das Zuchtziel erreicht ist.

Gebrauchskreuzungen

Hierbei züchtet man nicht oder nur bedingt mit den Kreuzungstieren weiter, sondern paart immer wieder von Neuem Tiere verschiedener Rassen oder Rassen mit Kreuzungstieren, um durch die Kombination der besten Eigenschaften einen möglichst hohen Erfolg zu erzielen, weil man herausgefunden hat, dass sich in einer solchen Kombination bestimmte erwünschte Gene und damit Leistungsmerkmale verstärken lassen. Das nennt die Wissenschaft den Heterosiseffekt.

Die einfachste Methode ist dabei die Zweirassenkreuzung, deren Nachkommen als Mastschweine in die Produktion gehen. Bewährt hat sich dabei vor allem die Anpaarung von Vatertieren mit guter Schinkenausprägung und hohem Fleischbildungsvermögen an Muttertiere mit hoher Fruchtbarkeit und guter Mastleistung. Eine weiter verfeinerte Methode ist die Dreirassenkreuzung, bei der das aus der Zweirassenverbindung hervorgegangene Muttertier nochmals mit einem Fleisch- und Schinkeneber kombiniert wird.

Hybridzucht

Werden Rassen oder auch Zuchtlinien ausschließlich zu dem Zwecke rein gezüchtet, um Kreuzungstiere zu erzeugen, spricht man von Hybridzucht. Ziel ist dabei, die Ausgangstiere (Zuchtlinien) – auch durch Inzucht – in ihren Erbanlagen so weit zu vereinheitlichen (hoher Homozygotiegrad), dass eine möglichst homogene Ausgangspopulation mit hoher Wahrscheinlichkeit sicherer Vererbung entsteht. Nun gilt es durch Tests herauszufinden, bei welchen Kombinationen die gewünschten Heterosiseffekte auftreten, um so die leistungsfähigsten Gebrauchstiere (Hybriden) erzeugen zu können.

Eine Weiterzüchtung dieser Tiere empfiehlt sich jedoch nicht, da der Heterosiseffekt in der Regel nur in der ersten Nachkommengeneration (F1-Generation) auftritt und bei einer Weiterführung dieser Züchtung zumeist erhebliche Leistungseinbrüche zu verzeichnen sind. Die Hybridzucht ist einerseits sehr aufwändig und teuer, da sie zunächst die Erzeugung von Zuchtlinien einer bestimmten Rasse mit einer speziellen Kombinationseignung voraussetzt, zum anderen jedoch unter wirtschaftlichen Gesichtspunkten bei gekonntem Management sehr effektvoll und gewinnbringend.

Gut zu wissen

Der Halter kleinerer Bestände oder der Hobbyhalter wird sich eher darauf beschränken, das Leistungsniveau seiner bevorzugten Rasse zu erhalten, durch einfache Kreuzungen neue Kombinationen zu erforschen oder sich einfach von dem Ergebnis einer natürlichen Vermehrung überraschen zu lassen. Letzteres wird im Kapitel über die Vermehrung des Hausschweines beleuchtet.

Das Schwein und sein Körper

Jeder Schweinehalter, auch wenn er nur stolzer Besitzer einer kleinen Herde ist, sollte sich ein bestimmtes Grundwissen über die anatomischen und physiologischen Merkmale seiner Tiere aneignen. Dazu gehören beispielsweise Kenntnisse über die wichtigsten Körperteile, Haut und Haare. Lage, Bau und Funktion einiger wichtiger Organe sollten dem Tierhalter ebenso bekannt sein wie der Aufbau des Knochenskeletts und das Muskelsystem.

Für eine gesunde und erfolgreiche Ernährung der Tiere sind nicht nur Kenntnisse über die Futter- und Nährstoffe wichtig, sondern vor allem auch über die verdauungsphysiologischen Vorgänge im Tierkörper. Herz- und Kreislaufprobleme gibt es gerade bei den hochgezüchteten Schweinen häufiger, deshalb sollte sich der Tierhalter auch auf diesem Gebiet auskennen, um folgenschwere Fehler vermeiden zu können.

Darf ich Sie einladen, mich näher kennenzulernen?

Die Kenntnis der wichtigsten Körperteile des Schweines ist hilfreich bei der exakten Beurteilung des Tieres.

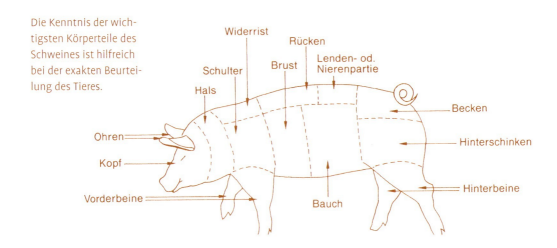

Die wichtigsten Körperteile

Der Schweinekörper kann zunächst in einige wichtige Körperregionen eingeteilt werden. Dazu gehören:
- der Kopf mit den Ohren
- der Hals
- die Schulter
- der Widerrist
- die Brust
- der Rücken
- die Lenden- oder Nierenpartie
- der Bauch
- das Becken
- der Hinterschinken (Oberschenkel)
- die Beine

Der Kopf

Er sollte möglichst kräftig und mittellang sein, Stirn und Nase gerade und die Rüsselscheibe groß und kräftig. Die Kopfform ist je nach Abstammung und Geschlecht unterschiedlich. Ein gestreckter und langer Schädel deutet beispielsweise auf einen starken Einfluss des europäischen Wildschweines hin. Der typische Eberkopf ist im Vergleich zum feineren weiblichen Kopf immer kürzer, breiter und damit etwas derber. Und schließlich hat sogar die Fütterung Einfluss auf die Kopfform; so kann eine besonders eiweiß- und mineralstoffreiche Fütterung zu einer Verkürzung der Schädelform führen (Mopskopf).

Gut zu wissen

Die nebenstehende Beschreibung der idealen Kopfform bezieht sich auf unsere europäischen Schweinerassen. Für asiatische Rassen müssten wir bei der Kopfform andere Standards ansetzen.

Die Ohren

Ohrform, Ohrgröße und Ohrstellung sind je nach Rasse sehr unterschiedlich. Hängeohren dürfen beim Fressen und Sehen nicht hinderlich sein. Schwere und dicke Ohren lassen häufig auf eine schlechte Futterverwertung schließen. Ein zu feines Ohr kann auf eine schwache Konstitution hindeuten. Auffallende Rotfärbung der Ohren und gleichzeitige Appetitlosigkeit lassen Rotlauf vermuten.

Hals und Schulter

Hals und Schulter sollten gut bemuskelt sein, die Schulter lang und schräg.

Der Widerrist

Der Widerrist sollte breit, fest und ebenfalls voll bemuskelt sein. Will man die Widerristhöhe eines Tieres ermitteln, legt man den Mess-Stock zwischen den Dornfortsätzen des 4. und 5. Rückenwirbels an, also bei einem normal gewachsenen Tier etwa senkrecht über den Afterklauen der Vorderbeine.

Zwei wohlproportionierte Jungsauen der Rasse Piétrain.

Die Brust

Der Brustkorb wird oben durch die Brustwirbel, seitlich durch die Rippen und unten durch das Zwerchfell begrenzt. Die Brust beherbergt die beiden für Kreislauf und Atmung wichtigsten Organe, Herz und Lunge. Die Form des Brustkorbs hängt sowohl von der Rasse als auch von Aufzucht, Fütterung und Haltung ab. Die Brust sollte möglichst breit und tief sein.

Der Rücken, Lenden und Becken

Der Rücken wird möglichst breit, lang und fest gewünscht (Koteletts!). Ungünstig ist sowohl ein stark nach oben gewölbter Rücken (Karpfenrücken) als auch ein Senkrücken. Die Lenden- und Nierenpartie sollte ebenfalls lang, breit, fest und gut bemuskelt sein, zumal sich hier das beste und teuerste Fleischstück befindet, das Filet. Deshalb zielt auch der berühmte „Schlachtergriff" auf diesen Körperbereich. Beim Becken und beim Oberschenkel ist ebenfalls eine breite, lange und gute Bemuskelung von Bedeutung, denn hier handelt es sich schließlich um die Ausprägung der Schinken bzw. Hinterschinken.

Info
Was bei uns als Kotelett bezeichnet wird, heißt zum Beispiel in Hamburg oder auch in Österreich Karbonade, abgeleitet aus dem italienischen „carbonata", was soviel heißt wie „auf Kohlen geröstetes Fleisch".

Haut und Haare

Die Haut besteht aus der Lederhaut und der Oberhaut und bildet gemeinsam mit der Unterhaut die sogenannte „Körperdecke", die den Organismus nach außen abschließt und schützt. Abgesehen von ihrer Schutzfunktion wirkt die Haut auch als Speicherorgan, zum Beispiel für Fett, als Sinnesorgan und vor allem auch als Wärmeregulator.
Die Farbe der Haut ist weiß bis rosa, bei den bunten Rassen weiß und schwarz.

Lederhaut und Unterhaut

Die Lederhaut wird beim Schwein häufig als „Schwarte" bezeichnet. Elastische Fasern verleihen ihr eine hohe Dehnbarkeit und Schmiegsamkeit. Sie dient unter anderem auch als Ausgangsmaterial für die Lederherstellung. Ihre Dicke beträgt bei den hochgezüchteten Schweinerassen im Schnitt 1–2 mm, bei den Landrassen bis zu 3 mm und nimmt mit dem Alter zu. Die Lederhaut männlicher Tiere ist dicker als die der weiblichen.

Die Unterhaut befestigt die Haut elastisch am Körper und dient ihrer Beweglichkeit und Verschiebbarkeit. Die Fähigkeit der Unterhaut, Fett einzulagern und zu speichern, hat sich beim Schwein zu einem besonderen Artmerkmal entwickelt, indem dieses eine zusammenhängende

Physiologische Daten

Körpertemperatur	
• bei ausgewachsenen Tieren	38,5–39,5 °C
• bei Ferkeln	39,0–40,5 °C
Herzschläge	
• bei ausgewachsenen Tieren	60–80/min
• bei Ferkeln	120–200/min
Herzgewicht In % des Körpergewichts	0,2–0,5
Atemzüge in Ruhe in Bewegung	10–20/min 30–80/min
Blutmenge Pro kg Körpergewicht	ca. 74 ml
Geschlechtsreife Im Alter von	4–8 Monaten
Brunstzyklus	21 Tage (± 3)
Trächtigkeitsdauer	113–116 Tage

„Speckschicht" bildet, die, wie wir von den „Speckschweinen" früherer Jahre wissen, eine beachtliche Dicke erreichen kann. Beim Eber entwickelt sich mit beginnender Geschlechtsreife an Hals und Schulter eine panzerartige Verdickung der Haut, der sogenannte Schild.

Wärmeregulation der Haut

Durch Erweiterung oder Verengung zahlreicher kleiner Blutgefäße kann Wärme abgegeben oder gehalten werden. Damit kommt der Haut eine erhebliche Bedeutung bei der Regulierung der Körperwärme zu. Eine dicke Fettschicht oder auch eine Schmutzschicht können die Wärmeabgabe der Haut jedoch stark verringern. Da die Schweinehaut außerdem mangels Schweißdrüsen kaum Schweiß abgeben kann, leiden die Tiere leicht unter Hitze und können schnell einen Hitzschlag bekommen.

Borsten

Haare gehören zu den Hornbildungen der Haut. Schweine besitzen fast ausschließlich die festen und harten Grannenhaare, die „Borsten", während die Unterwolle aus weichen Flaum- oder Wollhaaren fast völlig fehlt. Weiße Schweinerassen haben weiße Borsten, bunte Rassen weiße und schwarze Borsten, die rotbunten Schweine weiße und rostbraune Borsten. Je nach Rasse kann die Behaarung beim Schwein ganz unterschiedlich sein. Wildschweine und auch einfache Landras-

Gut zu wissen

Aus Schweinsborsten werden auch heute noch feine Rasierpinsel hergestellt.

sen, hier besonders die Wollschweine, weisen noch eine starke und schützende Behaarung auf, hochgezüchtete Schweinerassen können dagegen fast haarlos sein.

Die männlichen Geschlechtsorgane

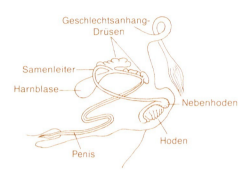

Die männlichen Geschlechtsorgane.

Info

Am Bauch befinden sich beim Eber mindestens 12 kleine, verkümmerte Zitzen, die als Zeichen erblicher Anlage zur Fruchtbarkeit angesehen werden.

Zu den männlichen Geschlechtsorganen gehören die beiden Hoden mit Nebenhoden und Hodensack, der Samenleiter, die Geschlechtsanhangdrüsen und die Rute (Penis).

Die beiden länglich runden Hoden liegen im Hodensack, der sie umhüllt und schützt. Sie produzieren die Samenzellen. Der jedem Hoden anliegende Nebenhoden dient als Speicher für die Samenzellen, außerdem machen sie in ihm auch einen Reifungsprozess durch. Den Transport der Samenzellen aus dem Nebenhoden bis zur Harnröhre übernimmt der Samenleiter.

Zu den Geschlechtsanhangdrüsen gehören die große, zweilappige Samenblasendrüse, die beim Schwein schwach entwickelte Vorsteherdrüse und die besonders große und aus zwei Teilen zusammengesetzte Harnröhrenzwiebeldrüse. Diese drei Geschlechtsdrüsen befinden sich am Anfangsteil der Harnröhre und münden in die Harnröhre ein. Unter dem Einfluss des männlichen Geschlechtshormons (Testosteron) bilden sie ein Sekret, das in der Phase der Ejakulation den Samenzellen beigemischt wird. Es löst die ihre Bewegung aus und dient als ihr Transportmittel.

Beim Geschlechtsakt wird die Samenflüssigkeit durch das Begattungsorgan, die Rute, übertragen. Beim Schwein ist die Rute verhältnismäßig dünn und an ihrem vorderen Ende, das von der Vorhaut eingehüllt ist, korkenzieherartig zugespitzt.

Die weiblichen Geschlechtsorgane

Zu den weiblichen Geschlechtsorganen, die ganz in der Bauch- und Beckenhöhle liegen, gehören die Eierstöcke mit dem Eileiter, die Gebärmutter, die Scheide und als sekundäres Geschlechtsorgan das Gesäuge.

Eierstöcke

Die beiden Eierstöcke sind rundlich oval und jeweils 3–5 cm lang. Ihre Oberfläche ist durch zahlreiche Follikel, in denen die weiblichen Eizellen liegen, höcker- oder traubenförmig ausgebildet. Im Eierstock machen die Eizellen einen Reifungsprozess vom Primärfollikel über das Sekundärfollikel bis zum Tertiärfollikel durch. In der Phase der Brunst erhöht sich unter zunehmendem Hormoneinfluss der Binnendruck der Follikelflüssigkeit, die Follikelwand wird dünner und platzt (Follikelsprung). Die Eizelle wird frei und vom Eileiter aufgenommen.

Der Eileiter ist ungefähr 15 bis 30 cm lang und mündet in die Gebärmutter. Die Wanderung der durch den Follikelsprung freigewordenen Eizelle im Eileiter dauert etwa 2 (1 bis 3) Tage. Da die Eizelle nach dem Follikelsprung nur einige Stunden befruchtungsfähig bleibt, erfolgt ihre Befruchtung meist am Anfang ihrer Eileiterwanderung.

Aus dem geplatzten Follikel entwickelt sich unabhängig vom weiteren Schicksal der ausgestoßenen Eizelle der Gelbkörper. Sein Hormon, das Progesteron, schafft in der Gebärmutter die Voraussetzungen für die Einnistung des Eis. Gleichzeitig wird damit verhindert, dass im Eierstock neue Follikel heranreifen. Kommt es nicht zu einer Befruchtung, bildet sich der Gelbkörper wieder zurück, dies bedeutet, dass neue Follikel heranreifen können.

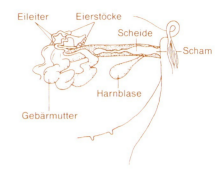

Die weiblichen Geschlechtsorgane.

Gebärmutter

Die Gebärmutter gliedert sich in die beiden Gebärmutterhörner, den Gebärmutterkörper und den Gebärmutterhals. Beim Schwein sind die beiden Gebärmutterhörner aufgrund der großen Zahl von Früchten besonders lang. Ihre durchschnittliche Länge beträgt vor der ersten Trächtigkeit etwa 1 m, nach mehreren Mutterschaften bis zu 1,5 m.

An den kurzen, beim Schwein nur etwa 5 cm langen Gebärmutterkörper schließt sich der 15 bis 25 cm lange Gebärmutterhals an, der sich im Muttermund durch einen starken Schließmuskel in die Scheide fortsetzt. Gebärmutterhals und Muttermund sind fest verschlossen. Nur unter zwei Umständen öffnet sich der Verschluss: ein wenig bei der Brunst und sehr weit bei der Geburt der Jungtiere.

Gut zu wissen

Die Gebärmutter entsteht entwicklungsgeschichtlich aus dem paarigen Müller-Gang. Beim Menschen und anderen Primaten ist dieser zu einem einheitlichen Hohlorgan verschmolzen.

Scheide

Die Scheide ist das weibliche Begattungsorgan. Sie besteht aus einer 10 bis 12 cm langen, stark bemuskelten Röhre, die die Rute des Ebers aufnimmt. Am äußeren Rand der Scheide (Scham) befinden sich die Schamlippen. Bei jungen Sauen liegen sie fest aneinander, bei älteren Muttertieren klaffen sie auseinander und sind runzlig. Der Bereich zwischen After und Scham wird Damm genannt. Bei schweren Geburten kann es hier zu Geweberissen (Dammriss) kommen.

Gesäuge

Das Gesäuge reicht beim Schwein von der Brustbeingegend bis zur Scham. Die Zitzenzahl schwankt zwischen 8 und 20, wobei auch ungerade Zahlen vorkommen können. Günstig sind natürlich möglichst viele Zitzen, damit viele Ferkel gleichzeitig saugen können. Nach Lage und Vorkommen unterscheidet man normale Zitzen (5 bis 7 Paar), die etwas schwächeren und auch asymmetrisch angeordneten überzähligen Zitzen und die Afterzitzen. Jede Zitze bildet zusammen mit ihrem Drüsenkörper einen sogenannten Milchdrüsenkomplex.

Milchdrüsen stellen eine hochentwickelte Form von Schweißdrüsen dar. Während die Schweißdrüsen Schadstoffe ausscheiden und damit der Blutreinigung dienen, aber auch durch schnelle Flüssigkeitsabgabe die Nieren entlasten und Duftstoffe abgeben können, bilden die hochentwickelten Milchdrüsen aus dem Blut eine nährstoffreiche Flüssigkeit, die Milch.

Die Milchbildung ist ein kontinuierlicher und aktiver Prozess der Drüsenzellen. Die Drüsenzellen setzen sich zu Drüsenläppchen zusammen, in deren Innern sich ein Hohlraum (Alveole) befindet. Hier reichert sich das Milchsekret tröpfchenweise an. Die Ausführungsgänge dieser Alveolen gehen in die Milchkanälchen und Milchgänge über und münden schließlich in der Milchzisterne, wo die Milch gesammelt wird. Durch verschiedene Reize, beispielsweise das Saugen an der Zitze, wird das Hormon Oxytocin ausgeschüttet, die Zitze öffnet sich und die Milch wird freigegeben.

Gut zu wissen

Bei der Fütterung und auch bei der tierärztlichen Behandlung säugender Tiere muss immer bedacht werden, dass in die Milch auch Gifte, Arzneimittel und dergleichen übergehen und sich somit auf die säugenden Ferkel auswirken.

Laktation

Die durchschnittliche Milchleistung einer Sau liegt bei täglich etwa 7 kg (4 bis 12 kg). Das Maximum wird in der 2. bis 3. Woche nach der Geburt erreicht. Die Laktationsperiode dauert 7 bis 8 Wochen. Die Gesamtmilchmenge in dieser Zeit schwankt zwischen 100 kg und 450 kg. Sie ist abhängig von der Ferkelzahl, der Anzahl der Würfe, dem Alter und der Rasse der Sau, vor allem aber von ihrer Fütterung.

Das Skelett

Das Stützgerüst des Körpers, das Skelett, setzt sich aus einer Vielzahl von Knochen zusammen, die sowohl in ihrer Form als auch ihrer Funktion sehr verschieden sind. Zum einen dienen sie als Ansatzstellen für Muskeln und Sehnen, zum anderen als Stütze, Hebelarm oder zum Schutz einzelner Organe. Abgesehen von den Wirbeln, einigen Kopfknochen und dem Brustbein sind die Knochen der rechten und linken

Das Skelett 49

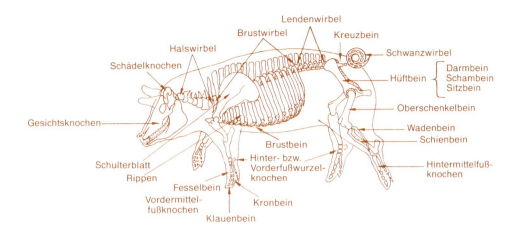

Körperhälfte paarig und spiegelbildlich gleich. Die Zusammensetzung der Knochen sieht ungefähr so aus:
- Wasser   20–25 %
- Mineralstoffe   45–50 %
- Proteine   20 %
- Fette   10 %

Als Mineralstoffe sind hauptsächlich Kalzium, Phosphor und Magnesium vorhanden. Das Knochenskelett besteht aus dem Kopfskelett, dem Skelett des Rumpfes und dem Skelett der Gliedmaßen.

Grundkenntnisse über das Skelett mit den wichtigsten Knochen fördern das Verständnis für den Bewegungsapparat und die Haltungsansprüche unserer Schützlinge.

Das Kopfskelett

Das Kopfskelett wird von den Schädel- und den Gesichtsknochen zusammengesetzt, wobei die Schädelknochen die Schädelhöhle bilden und die Gesichtsknochen die Nasen-, Kiefer- und teilweise die Maulhöhle.
Schädelknochen: Stirnbein, Scheitelbein, Schläfenbein, Hinterhauptbein, Keilbein, Siebbein und Zwischenscheitelbein.
Gesichtsknochen: Nasenbein, Tränenbein, Jochbein, Oberkieferbein, Zwischenkieferbein, Rüsselbein, Gaumenbein, Flügelbein, Pflugscharbein, Muschelbein, Unterkiefer und Zungenbein.

Das Skelett des Rumpfes

Dazu gehören die Wirbel, die Rippen und das Brustbein. Die Halswirbel (7) sind beim Schwein relativ kurz und breit, außerdem stark ineinander geschoben. Die Brustwirbel (13 bis 16) sind durch schräg nach oben gerichtete Dornfortsätze gekennzeichnet. Diese Dornfortsätze sind vom dritten bis zum fünften Brustwirbel am höchsten und formen damit den Widerrist.

Gut zu wissen

Eine länger anhaltende Unterversorgung mit diesen Mineralstoffen führt zur Demineralisierung des Skelettsystems und damit zu Knochenbrüchigkeit (Osteoporose) oder Knochenerweichung (Osteomalazie). Während des Entwicklungsstadiums kann eine unzureichende Versorgung mit Kalzium und Phosphor zu Rachitits führen.

Brustwirbel, Rippen und Brustbein bilden zusammen den Brustkorb. Die Lendenwirbel (6 bis 8) sind durch besonders breite Dornfortsätze gekennzeichnet. Die Kreuzwirbel (4) verwachsen bereits im Alter von 12 bis 18 Monaten zum Kreuzbein. Die Schwanzwirbel (20 bis 26) bilden den Abschluss der Wirbelsäule und werden nach hinten immer schwächer.

Die Rippen sind paarweise angelegt, wobei die Zahl der Rippenpaare der Anzahl der Brustwirbel entspricht. Beim Schwein unterscheiden wir 7 (6 bis 8) „echte" Rippenpaare, auch Tragerippen genannt, und 8 (7 bis 10) „falsche" Rippenpaare, auch Atmungsrippen genannt. Die Tragerippen dienen vor allem zur Stütze der Brustwand und sind unmittelbar mit dem Brustbein verbunden. Die Atmungsrippen sind nur durch den knorpeligen Rippenbogen miteinander verbunden und dienen der Erweiterung des Brustkorbs bei der Atmung.

Das Skelett der Gliedmaßen

Das Skelett der Gliedmaßen lässt sich in den Gliedmaßengürtel, die Gliedmaßensäule und die Gliedmaßenspitze unterteilen.

Zum Gliedmaßengürtel gehören der Schulter- und der Beckengürtel. Während der Schultergürtel bei den Haussäugetieren und damit auch beim Schwein nur noch aus dem Schulterblatt besteht, setzt sich der Beckengürtel aus dem zum Hüftbein verschmolzenen Darmbein, Schambein und Sitzbein zusammen. Die beiden Hüftbeine und das Kreuzbein bilden das Becken.

Die Gliedmaßensäule setzt sich aus Oberarmbein beziehungsweise Oberschenkelbein und den Knochen des Unterarmes (Speiche und Elle) beziehungsweise Unterschenkels (Schienbein und Wadenbein) zusammen.

Die Gliedmaßenspitze umfasst den Mittelfußknochen (Röhre), das Fesselbein, das Kronbein und die vier Klauenbeine mit zwei echten Klauen und zwei Afterklauen. Die Klauenbeine und ein Teil des Kronbeins sind mit Horn überwachsen. Nach hinten geht die Krone in die Ballen über. Wegen der Dicke der Ballen schuhen die Schweine beispielsweise bei Maul- und Klauenseuche leicht aus.

Info
Heute entstehen vielfach Klauenprobleme bei der Haltung auf Spaltenböden.

Das Muskelsystem

Die Muskulatur spielt neben dem Skelettsystem eine entscheidende Rolle. Ohne Muskeln wäre keine Bewegung möglich. Mehr als 400 verschiedene Einzelmuskeln umgeben und verbinden die Knochen.

Nach Bau und Funktion werden verschiedene Muskelarten unterschieden. Die glatte Muskulatur der Eingeweide, etwa die Muskelhaut des Darms und des Magens, ist unwillkürlich tätig, das heißt, sie ist

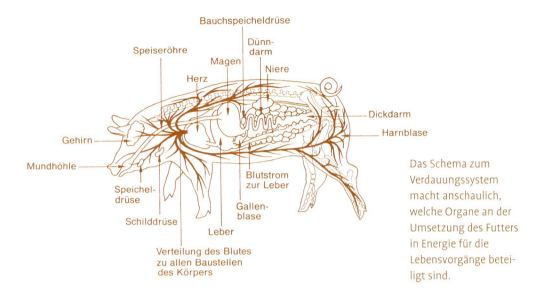

Das Schema zum Verdauungssystem macht anschaulich, welche Organe an der Umsetzung des Futters in Energie für die Lebensvorgänge beteiligt sind.

nicht dem Willen unterworfen. Die quergestreifte Muskulatur des Skeletts ist dem Willen unterworfen und ermöglicht gezielte Körperbewegungen. Eine Zwischenstellung nehmen Schlund- und Herzmuskulatur ein.

Die Skelettmuskeln, die in ihrer Gesamtheit das „Fleisch" bilden, bestehen aus haarfeinen Muskelfasern, die durch Bindegewebe zusammengehalten werden. Im Bindegewebe befinden sich Blutgefäße und Nerven, außerdem wird hier das Fett eingelagert.

Die Farbe der einzelnen Muskelgruppen ist speziell beim Schwein sehr unterschiedlich und reicht von Hellrosa bis hin zu Dunkelrot. Mit zunehmendem Alter der Tiere und durch intensive Bewegung wird die Muskelfarbe dunkler.

Das Verdauungssystem

Innerhalb des Verdauungssystems werden die dem Tier zugeführten Nährstoffe – Proteine, Fette, Kohlenhydrate – durch mechanische Zerkleinerung und chemische Aufbereitung in kleinste „Bausteine" zerlegt und damit für den Körper verwertbar gemacht.

Zum Verdauungsapparat gehören die Mundhöhle mit Zähnen und Zunge, der Rachen, die Speiseröhre, der Magen und der Darm. Wichtig für die Verdauungsarbeit sind außerdem noch zwei große, selbstständige Drüsen des Schweinekörpers, nämlich die Leber und die Bauchspeicheldrüse.

Gut zu wissen

Eine gute Bemuskelung ist nur durch entsprechende Bewegung und Ernährung zu erreichen. Werden jüngere Tiere ohne Bewegung „gemästet", lagert sich reichlich Fett in das zwischen den Muskelfasern liegende Bindegewebe ein. Im mageren Fleisch beträgt der Fettgehalt etwa 2 %, im fetten Fleisch bis zu 30 %. Daher ist eine bewegungsfördernde Haltung vorteilhaft.

Im Darm werden diese einfachen Bausteine von den Darmzotten aufgenommen und von dort mit den Körperflüssigkeiten (Blut, Lymphe) an die Stellen des Verbrauchs weitergeleitet. Die Nahrungsbestandteile, die der Körper nicht verwerten kann, werden vom Schwein am Ende des Verdauungsprozesses als Kot und Harn ausgeschieden.

Einige Werte zum Verdauungssystem
- Fassungsvermögen des *Magens* 7–8 l
- Fassungsvermögen des *Dünndarms* 9–10 l
- Länge des *Dünndarms* 15–20 m
- Fassungsvermögen des *Dickdarms* 10 l
- Länge des *Dickdarms* 4–6 m
- *Kotmenge* pro Tier und Tag 0,5–3 kg
- *Harnmenge* pro Tier und Tag 3–6 l

Die Mundhöhle

In feste Nahrung beißt das Schwein richtig hinein und zerkleinert oder zerquetscht sie mit Hilfe der Backen- oder Mahlzähne. Flüssige Nahrung wird aufgesaugt. Dringt dabei Luft mit ein, kommt es zu den typischen Schmatz- und Schlürflauten.

In der Mundhöhle wird die Nahrung zunächst geschmacklich geprüft, gleichzeitig temperiert, gekaut und eingespeichelt. Dabei sind die Speicheldrüsen von Bedeutung, deren Speichelfermente (beim Schwein das Ptyalin) Stärke und Zucker aufspalten und damit die Verdauung einleiten. Aus den Speicheldrüsen wird außerdem der für nicht kastrierte männliche Schweine so typische Geschlechtsgeruch ausgeschieden.

Durch den Rachen wird der Nahrungsbrei schließlich portionsweise in die *Speiseröhre* abgeschluckt und gelangt so in den Magen, wo es weiterverarbeitet wird.

Der Magen

Gut zu wissen

Damit die Magensäfte besser auf den geschichteten Futterbrei einwirken können, dürfen die Tiere nach den Mahlzeiten auf keinen Fall beunruhigt oder umhergejagt werden.

Der Schweinemagen ist einhöhlig und relativ klein. Er fasst bei einem ausgewachsenen und mittelgroßen Tier etwa 7 bis 8 Liter. Die Futtermenge pro Mahlzeit sollte deshalb nicht zu groß sein, das Futter selbst möglichst konzentriert und hochverdaulich. Im Magen wird der Futterbrei schichtweise gelagert, etwas zusammengeknetet, aber nicht durchmischt.

Zum weiteren chemischen Um- und Abbau der einzelnen Futterstoffe, hauptsächlich zur Eiweiß- und Fettspaltung, finden wir im Magensaft verschiedene Enzyme wie zum Beispiel Pepsin und in geringer Konzentration (0,3–0,4 %) Salzsäure.

Der Dünndarm

Vom Magen gelangt der Verdauungsbrei in den 15 bis 20 m langen Dünndarm, der ein Fassungsvermögen von ungefähr 9 bis 10 Liter hat und in drei Abschnitte – Zwölffingerdarm, Leerdarm, Hüftdarm – eingeteilt wird.

Eine herausragende Bedeutung im Hinblick auf die Verdauung hat der Zwölffingerdarm. Hier findet die eigentliche Verdauung statt. Sowohl durch den Verdauungssaft der Darmdrüsen als auch durch die Enzyme der Bauchspeicheldrüse und durch das in der Leber gebildete Gallensekret werden Eiweißstoffe, Kohlenhydrate und Fette im Zwölffingerdarm weiter gespalten.

Allen drei Dünndarmabschnitten gemeinsam sind die 0,5 bis 1 mm großen Darmzotten, die die Darmoberfläche vergrößern und ihr ein samtiges Aussehen verleihen. Durch sie werden die aufgespaltenen Nährstoffe aufgenommen und mit Blut und Lymphe weitertransportiert. Kohlenhydrate und Eiweißspaltprodukte gelangen im Blut zunächst in die Leber, wo sie entgiftet werden. Fette und Fettabbauprodukte werden vor allem auf dem Lymphweg transportiert.

Info
Dünndarmzotten sind kleine Erhebungen der Dünndarmschleimhaut, die zusammen mit Schleimhautfalten und Mikrovilli der Epithelzellen die Oberfläche des Darms auf das 600-fache vergrößern.

Der Dickdarm

Blinddarm, Grimmdarm und Mastdarm bilden zusammen den Dickdarm. Er ist im Vergleich zum Dünndarm deutlich kürzer (etwa 4 m), dafür aber wesentlich weiter. Im Dickdarm wird die Verdauung beendet. Vor allem im Blinddarm und im Anfangsteil des Grimmdarms findet die Zelluloseverdauung statt, wobei die reine Zellulose auch vom Schwein unter der Voraussetzung einer optimalen Darmflora verhältnismäßig gut verdaut und ausgenützt werden kann.

Der unverdaute Futterrest wird gut durchmischt, durch Resorption des Wassers eingedickt und als Kot ausgeschieden. Form, Farbe, Geruch und Konsistenz sowie Häufigkeit und Art seines Absatzes können Hinweise auf den Verdauungsablauf und auf Krankheiten geben. Die Kotmenge schwankt bei 100 kg schweren Schweinen zwischen 2 bis 3 kg pro Tag, wobei vier- bis fünfmal Kot abgesetzt wird.

Herz, Blut und Kreislauf

Das Herz ist ein kegelförmiger Hohlmuskel, der durch rhythmisches Pumpen die beiden im Gefäßsystem fließenden Körperflüssigkeiten – Blut und Lymphe – in Umlauf hält. Das Herz befindet sich zwischen den beiden Lungenflügeln in der Brusthöhle, etwa in Höhe der 3. bis 6. Rippe. Durch eine Scheidewand ist das Herz in eine rechte und eine linke Herzhälfte getrennt. Jede Hälfte wird durch eine Klappe in eine Herzvorkammer und eine Herzkammer geteilt.

Das Blut

Das Blut dient dem Transport der Nähr- und Wirkstoffe im Organismus. Seine Hauptbestandteile sind das Blutplasma, eine klare, bernsteinfarbene Flüssigkeit, und die Blutkörperchen.
- Die roten Blutkörperchen (Erythrozyten) enthalten den roten Blutfarbstoff, Hämoglobin, und dienen dem Gasaustausch beziehungsweise dem Transport von Sauerstoff und Kohlendioxid.
- Die weißen Blutkörperchen (Leukozyten) gehören zum Abwehrmechanismus des Körpers. Sie nehmen die festen Abfallstoffe des Körpers auf, vor allem Krankheitsstoffe und Krankheitserreger.
- Die Blutplättchen (Thrombozyten) sind maßgeblich an der Blutgerinnung beteiligt.

Im Körper fließt das Blut in den Blutgefäßen, die ein weit verzweigtes Röhrensystem bilden. Diejenigen Blutgefäße, die das Blut vom Herz weg in die verschiedenen Körperregionen leiten, werden als Arterien bezeichnet. Die das Blut zum Herz hinleitenden Gefäße werden als Venen bezeichnet. Verbunden werden die beiden Gefäßsysteme mit Hilfe feinster, dünnwandiger Haargefäße, sogenannter Kapillargefäße. In den Kapillarverzweigungen findet der Stoffaustausch zwischen Blut und Gewebe statt. Der Blutkreislauf wird in den großen Körperkreislauf, den kleinen Lungenkreislauf und den Pfortaderkreislauf unterteilt.

Der Köperkreislauf

Aus der linken Herzkammer wird das sauerstoffreiche Blut in die Körperschlagader (Aorta) gepumpt und gelangt von da über das reich verzweigte Arteriensystem in alle Körperregionen. Dort geben die roten Blutkörperchen den Sauerstoff an das Gewebe ab und nehmen das durch Verbrennung in den Körpergeweben entstandene Kohlendioxid auf. Durch die große Hohlvene fließt das Blut über die rechte Herzvorkammer in die rechte Herzkammer.

Der Lungenkreislauf

Von der rechten Herzkammer gelangt das Blut durch die Lungenarterie in die Lunge. In den Kapillarverzweigungen der Lunge wird das Kohlendioxid zur Ausatmung abgegeben und das nun mit frischem Sauerstoff angereicherte Blut fließt durch die Lungenvene über die linke Herzvorkammer in die linke Herzkammer.

Der Pfortaderkreislauf

Dieser Blutkreislauf verbindet das Kapillarsystem des Magendarmtraktes mit dem der Leber. Das venöse Blut aus Magen, Darm, Bauchspeicheldrüse und Milz wird über eine Vene, die sogenannte Pfortader, zur Leber geleitet. Über die Pfortader werden Aminosäuren, Kohlenhydrate und kurzkettige Fettsäuren transportiert.

Gut zu wissen

Das Schwein hat ein relativ schwaches Herz, daher kommt es bei plötzlich auftretenden Belastungen und Stresssituationen häufig zum Herzversagen und zum Herztod.

Das Schwein und sein Verhalten

Wenn wir unsere Schützlinge artgerecht halten wollen, wird das Bemühen darum allein nicht ausreichen. Viel wichtiger ist es, die Bedürfnisse und Ansprüche der Schweine genau zu kennen und daraus die entsprechend artgerechte Haltungsform abzuleiten.

Die wissenschaftliche Verhaltensforschung liefert hier erfreulicherweise sehr aufschlussreiche Ergebnisse aus der Beobachtung von Wildschweinen und von Hausschweinen, die in große Freigehege ausgewildert wurden. Gerade dieser Vergleich hat gezeigt, dass unsere Hausschweine sehr rasch wieder ein Verhaltensrepertoire zeigen, das ihren wilden Stammesgenossen in freier Wildbahn sehr ähnlich ist.

Schweinische Kommunikation.

In den ersten Lebenswochen rückt man eng zusammen.

Daraus lässt sich folgern, dass die Jahrtausende während Domestikation die Tiere eben nicht so weit verändert hat, dass ihnen alle oder die meisten ihrer ursprünglichen Verhaltensäußerungen im Laufe dieser Zeit abhanden gekommen sind. Vielmehr drängt sich der Schluss auf, dass vor allem die modernen Haltungsformen eben diese Verhaltensäußerungen einfach nicht mehr zugelassen haben.

Artgerecht bedeutet jedoch für uns, dass wir unseren Schweinen die Möglichkeit geben wollen, ihre wichtigsten Grundbedürfnisse an Lebensäußerungen in dem von uns vorgeschlagenen Haltungssystem zu befriedigen. Wie diese Bedürfnisse strukturiert sind und welche hochinteressanten Ergebnisse die Verhaltensforscher zu Tage gefördert haben, soll in diesem Kapitel näher erläutert werden.

Das Verhalten der Wildschweine

Das Schwein ist nicht gern allein. Wildschweine haben außerordentlich viel Sinn fürs Familien- oder Gruppenleben. Mehrere Bachen leben mit ihren Frischlingen und Läufern in sogenannten Rotten zusammen. Auf Gemeinsamkeit wird in der Rotte viel Wert gelegt, sowohl bei der Futtersuche, als auch beim Anlegen der Schlafnester, beim Suhlen oder gar der Verteidigung. Männliche Jungtiere ab zwei Jahre, also richtige „Halbstarke", leben ebenfalls in kleinen Gruppen für sich allein.

Kämpferische Einzelgänger

Ältere Keiler sind meist Einzelgänger und schließen sich nur während der Brunstperiode den Familiengruppen an. Treffen sich zwei Keiler, die sich über Frau, Rang oder Revier uneinig sind, kann es zu einem heftigen Kampf kommen, der aber nach strengen Regeln geführt wird.

Zunächst drohen sich die Gegner mit gesenkten Köpfen und aufgestellten Rückenborsten. Eng nebeneinander stehend oder voreinanderher marschierend versuchen sie, sich gegenseitig zu imponieren oder einzuschüchtern. Rüssel gegen Rüssel gepresst wird schließlich eine Art Schiebeduell eröffnet.

Wird der Kampf heftiger, kann auch gebissen und mit dem Kopf auf den Gegner eingeschlagen werden, wobei sich die abstehenden Eckzähne (Hauer) auch als gefährliche Waffen erweisen können. Selten enden diese Kämpfe jedoch mit lebensgefährlichen Verletzungen oder gar dem Tod eines Tieres. Meistes gibt der unterlegene Keiler auf und flieht.

Wildschweine sind Allesfresser

Der vegetarische Teil ihres Speiseplans besteht aus Laub, Früchten, Eicheln, Pilzen, Knollen, Gras und vielem mehr. Zu den „fleischigen" Genüssen gehören nicht nur Käfer, Raupen, Würmer, Frösche und Mäuse, sondern auch Jungvögel, Rehkitze, kranke Großtiere und Aas. Der lange und kräftige Rüssel ist bei der Futtersuche ein hervorragendes Wühlgerät, das außerdem mit einem so feinen Geruchsinn ausgestattet ist, dass ihm nichts Fressbares entgeht.

Info
Unsere Landwirtschaft ist für die Wildschweine zu einem wahren Schlaraffenland geworden, denn seit mehr Mais angebaut wird, kennen die Tiere bis spät in den Herbst keine Nahrungssorgen mehr.

Fortpflanzungsverhalten

Die Paarungszeit der Wildschweine liegt normalerweise im Winter, die Wurfzeit im Frühjahr. Eine Bache kann allerdings auch zu anderen Zeiten brünstig werden. Bei sehr reichhaltigem Futterangebot wird beispielsweise manchmal im Sommer ein zweiter Wurf ausgetragen.

Zum Paarungsspiel gehört zumeist eine wilde Hetzjagd zwischen dem Keiler und seiner ausgewählten Bache. Am Ende dieser Hatz stößt der Keiler seltsame und rhythmische Laute aus, die immer dieselbe erstaunliche Wirkung haben: Die Bache bleibt wie elektrisiert stehen. Der eigentliche Paarungsakt dauert nicht selten Stunden und wird so lange wiederholt, bis die Bache total erschöpft ist.

Französische Forscher haben dieses „Grunz-Stakkato" auf Tonband aufgenommen und in einem Wildgehege wieder abgespielt. Fast alle bis dahin noch unbegatteten Bachen blieben stocksteif stehen und ließen es sogar geschehen, dass sich die Forscher auf ihre Rücken setzten. Die Liebeslieder mit der durchschlagendsten Wirkung auf Erden singen also unsere Wildschweine!

Nest

Der Bau eines Nestes ist das wichtigste Anzeichen dafür, dass die Bache in kürzester Zeit ihren Wurf erwartet. Zunächst sucht sie die geeignete Stelle aus, wobei natürlich Sicht-, Wind- und Wetterschutz eine große Rolle spielen. Mit ihrem starken Rüssel gräbt die Bache eine Mulde, die ringsherum mit Zweigen und Ästen geschützt und getarnt wird. Dieses Nestmaterial wird von der Bache unter erheblichem körperlichen Einsatz über weite Entfernungen herbeigeschleppt. Schließlich wird das grobe Nestgerüst mit einem fein gekauten Brei aus Laub, Gras und Erde abgedichtet und ausgepolstert.

Info
Durch diese Nestpolsterung werden später die Neugeborenen sofort mit einer bakteriellen Schutzschicht aus dem mütterlichen Speichel umhüllt.

Geburt

Die Geburt der Ferkel verläuft schnell und meist ohne Komplikationen, wobei die Sau ihre Seitenlage häufig wechselt. Die Gefahr, dass bereits geborene Frischlinge dabei getreten oder gar erdrückt werden, ist gering, denn die Bache reagiert normalerweise sofort auf das laute Quieken der Kleinen. Auch die im Nestrand eingebauten gröberen Äste geben den Frischlingen in diesen gefährlichen Momenten Schutz, wenn die Mutter ihre Lage verändert.

Sofort nach der Geburt versuchen die Ferkel aufzustehen und die wärmende Zitzenleiste zu erreichen, da ihre Körpertemperatur kurzfristig stark absinkt. Die Fruchthüllen werden am Nistmaterial abgestreift und die Nabelschnur wird abgebissen.

In den ersten Tagen entfernt sich die Bache nur für kurze Momente und wenige Meter von ihrer „Kinderstube". Etwas später geht sie dann allein auf Futtersuche, kehrt jedoch in regelmäßigen Abständen zum Säugen ins Nest zurück.

Bereits ab dem 4. Lebenstag beginnen die Frischlinge erreichbares Nestmaterial (Laub, Gras) zu knabbern und wieder auszuspucken. Je nach Wetterlage dürfen sie spätestens nach 14 Tagen kleine Ausflüge unternehmen, wobei die besorgte Bache durch verschiedene Lock- und Warnlaute ständig in engem Kontakt mit ihren Frischlingen steht.

Das Verhalten der Hausschweine

Jahrelange Beobachtungen an Hausschweinen, die in großen Naturgehegen gehalten wurden, haben gezeigt, dass auch diese im Vergleich zum Wildschwein hochgezüchteten Tiere noch über ein reiches und vielfältiges Verhaltenspotenzial verfügen, das in vielen Dingen mit dem ihrer wilden Artgenossen übereinstimmt. Formen und Sequenzen der verschiedenen Verhaltenselemente wurden also durch die Domestikation nur geringfügig verändert.

Das Suhlen ist ein elementares Bedürfnis bei Wildschweinen und – wie hier – auch bei Hausschweinen.

Familienbande

Die sozialen Bindungen bei diesen „ausgewilderten" Hausschweinen waren zum Beispiel sehr ausgeprägt. Die Tiere schlossen sich in verschiedenen Untergruppen eng zusammen, wobei jede dieser Untergruppen mindestes aus einer älteren und einer jüngeren Sau jeweils mit ihren Ferkeln, einigen älteren Jungtieren und einem Eber bestand. Diese Untergruppen bauten sich gemeinsame Schlafplätze oder Liegestellen, wo sie sich mittags zusammen sonnten oder die Nacht verbrachten. Mindestens 5 m und höchstens 15 m vom Schafplatz entfernt legten die Tiere einen gemeinsamen Kotplatz an.

Über die Hälfte des Tages waren die Tiere mit der Futtersuche beschäftigt, obwohl ihnen pelletiertes Futter jederzeit zur Verfügung stand. Sie gruben nach Wurzeln, grasten, bissen und nagten an Ästen und Zweigen und fraßen trockenes Laub und Blätter. Bei entsprechenden Temperaturen (über 18 °C) suhlten sich die Tiere gemeinsam um die Mittagszeit an sumpfigen Stellen.

Kinderstube

Deutlich ausgeprägt waren auch die Verhaltensabläufe der Sauen beim Anlegen und Bauen ihrer Abferkelnester. Ein oder mehrere Tage vor dem Werfen erkundeten die hochträchtigen Sauen günstige Nestplätze, meist im Wald oder am Waldrand, trocken, windgeschützt und nach Süden geöffnet. Wenige Stunden vor Wurfbeginn beschäftigten sich die Sauen dann intensiv mit dem Nestbau, gruben eine Mulde und schleppten Äste und Zweige heran.

Nach der Geburt blieben die Ferkel ungefähr zwei Wochen lang im Nest, wo sie von der Muttersau gesäugt, gewärmt und auch gegen allzu neugierige Artgenossen verteidigt wurden. Ab der zweiten Lebenswoche folgten die Ferkel dann ihrer Mutter, wenn sie das Nest verließ, kehrten jedoch immer wieder zurück, um sich aneinander zu wärmen und auszuruhen.

In der dritten und vierten Lebenswoche beschäftigten sich die Ferkel viel mit Laufspielen, später kamen dann die Kampfspiele hauptsächlich der männlichen Ferkel hinzu. Im dritten Lebensmonat wurden die Ferkel selbstständig und erkundeten ohne den engen Kontakt mit der Mutter die Umgebung. Nur ein Teil der Ferkel wurde in diesem Alter noch gesäugt, die stärkeren Tiere hatten sich schon entwöhnt.

Bereits zwischen der dritten und fünften Woche nach dem Abferkeln zeigten die Eber starkes Interesse an den säugenden Muttersauen. Sie wurden ungefähr 8 (6 bis 10) Wochen nach dem Abferkeln wieder gedeckt.

Fressen und Trinken

Die Suche nach Futter und die Aufnahme des Futters gehören zu den Hauptaktivitäten eines natürlichen Schweinetages. Ähnlich wie bei den Wildschweinen liegen diese Aktivitäten rund ums Futter bei den Hausschweinen eher in den frühen Morgen- und Abendstunden. Insgesamt kann man dabei von einer Zeitspanne zwischen 4 und 9 Stunden ausgehen, in der sich die Tiere mit dem Futter beschäftigen. Dabei wird mit der äußerst empfindlichen Rüsselscheibe der Boden auf- und durchgewühlt und die Grasnarbe oft regelrecht abgehoben. Alles was erreichbar und einigermaßen bekömmlich und schmackhaft ist, wird abgerissen, zerbissen und gekaut.

Futterwahl

Obwohl Schweine sogenannte Allesfresser sind, zeigen sie deutliche Vorlieben für oder Abneigungen gegen bestimmte Futtermittel. Bei dieser tierischen Entscheidung spielen sowohl Geschmack als auch Geruch und sogar die Form der Futtermittel eine wichtige Rolle. Süßes Futter wird beispielsweise sehr gern aufgenommen, gegen salziges Futter besteht eine Abneigung. Bitterstoffe scheinen bei der Futterwahl relativ unwichtig zu sein, gegen Saures herrscht eine deutliche Abneigung.

Gut zu wissen

Bei den Getreidesorten ist bei Schweinen folgende Beliebtheitsskala in abnehmender Reihenfolge bekannt: Weizen, Roggen, Gerste, Hafer, Mais.

Geschältes Getreide wird lieber aufgenommen als ungeschältes. Außerdem mögen Schweine angefeuchtetes oder sogar breiiges Futter lieber als trockenes und schließlich bevorzugen sie Pellets gegenüber geschrotetem Futter.

Bedeutung der Fütterung

Schweine sind von Natur aus einen Großteil des Tages mit Verhaltensweisen beschäftigt, die direkt oder indirekt im Zusammenhang mit der Futtersuche und Futteraufnahme stehen. Bei der Haltung von Schweinen muss deshalb dem Bereich Fütterung eine große Bedeutung zugemessen werden. Die Futteraufnahme der Tiere darf nicht auf ein möglichst schnelles Auffüllen verbrauchter Rohstoffe reduziert werden.

Futterneid

Schweine sind sehr futterneidisch. Die Ursache liegt sicherlich darin, dass Suiden im Gegensatz zu Boviden (Rinderartige) oder Equiden (Pferdeartige) gemeinsame Fressstellen aufsuchen. Bei rationierter Fütterung und zu kurz bemessener Troglänge kann sich dieser Futterneid für rangniedrigere und schwächere Tiere negativ auswirken, das heißt, sie werden abgedrängt und bleiben hungrig. Die stärkeren Tiere machen sich vor dem Trog regelrecht breit, in dem sie sich schräg aufstellen, möglichst noch mit beiden Vorderbeinen im Trog.

Natürlich hat der Futterneid auch positive Seiten. Denken wir an die Mast der Tiere. Allein das Schmatzen eines Schweines genügt, damit sich alle anderen unverzüglich auch auf die Futtersuche begeben.

Die Art der Fütterung, Fütterungstechnik und Beschaffenheit des Futters sind entscheidend für das Wohlbefinden der Tiere und damit auch für das Risiko folgenschwerer Verhaltensstörungen.

Gut zu wissen

Werden auf nur wenige Minuten verkürzte Fresszeiten noch mit einer einstreulosen Haltung kombiniert, können die Tiere ihre Beiß- und Kautriebe nicht mehr befriedigen und ihr Wohlbefinden ist dadurch stark gemindert.

Trinkverhalten

Wann, wieviel und wie oft Schweine Wasser zu sich nehmen, hängt entscheidend vom Alter der Tiere, von der Temperatur beziehungsweise Jahreszeit, vom Futter und vom Fütterungssystem ab. Ferkel beginnen bereits im Alter von einer Woche Wasser zu trinken. Tiere, die Trockenfutter bekommen, trinken häufiger und mehr als Tiere, die angefeuchtetes Futter bekommen. Bei rationierter Fütterung trinken die Tiere hauptsächlich nach der Fütterung, während bei Fütterung ad libitum abwechselnd gefressen und getrunken wird. In der reizarmen und eintönigen Umwelt, in der viele Schweine ihr Leben verbringen müssen, ist die Tränke häufig das einzige zur Verfügung stehende Spielzeug. Entsprechend hoch sind dann Wasserverbrauch und Reparaturkosten. Auch rangniedere Tiere, die bei allen kleinen und großen Streitigkeiten unterlegen sind, reagieren oft mit dem Gang zur Tränke ihre Erregung ab.

Freund und Feind

Obwohl Schweine gesellige Tiere sind und auch enge Körperkontakte zu ihren Artgenossen genießen, ist das Zusammenleben keinesfalls immer problemlos. Gleichgültig, ob sich die Tiere in der freien Natur freiwillig zusammenschließen oder ob der Mensch seine Hand im Spiel hatte, innerhalb jeder dieser „Lebensgemeinschaften" muss eine bestimmte soziale Ordnung herrschen.

Saugordnung

Bereits in den ersten 5 bis 10 Lebenstagen hat sich innerhalb der Ferkelgruppe eine feste Saugordnung gebildet, das heißt, bestimmte Ferkel saugen immer an bestimmten Zitzen. Die stärksten und größten Ferkel besetzen die am meisten begehrten vorderen Zitzen, das breite

Kämpfe um die Rangordnung werden unter Schweinen oft sehr „handfest" ausgetragen.

Mittelfeld und die schwächeren Ferkel teilen sich die mittleren und hinteren Zitzen. Diese Saugordnung bleibt, von besonderen Ausnahmen abgesehen, über die gesamte Säugeperiode bestehen und wird von den Kleinen vehement verteidigt.

Info
Wichtigste Voraussetzung für eine feste und dauerhafte Rangordnung, die ja Garantie für Frieden und Ruhe in der Gemeinschaft ist, sind eine überschaubare Gruppengröße, damit sich die Tiere gut kennen oder wiedererkennen können, und genügend Platz, um den ranghöheren Tieren ausweichen zu können.

Rangordnung

Später geht die Saugordnung in die sogenannte Rangordnung über. Bleibt der Wurf ohne Veränderung zusammen, wird die Rangordnung nahezu identisch mit der Saugordnung sein. In neu zusammengestellten Gruppen muss eine dauerhafte Rangordnung durch zahlreiche harmlose Auseinandersetzungen, aber auch durch harte Kämpfe festgestellt werden.

Wo der Platz eines Tieres in dieser Rangordnung ist, hängt zunächst einmal von seinem Geschlecht, seinem Alter und seinem Gewicht ab. Eber stehen in der Regel über weiblichen Tieren, kastrierte Tiere dazwischen. Ältere Tiere stehen in der Rangordnung meist höher als jüngere Tiere und – was sicher mit dem Alter zusammenhängt – wer mehr Körpergewicht hat, hat offenbar auch in der Rangordnung mehr „Gewicht".

Innerhalb dieser groben Einordnung muss sich jedes Tier seinen Platz in mehr oder weniger heftigen Auseinandersetzungen erkämpfen.

Kampf

Gekämpft wird offen, ehrlich und nach strengen Regeln. Harte und damit auch folgenschwere Kämpfe kommen eigentlich nur zwischen Ebern vor, die zur totalen Erschöpfung, zu schwersten Verletzungen oder sogar zum Tod eines der Rivalen führen können.

Eingeleitet wird der Kampf meist durch gegenseitiges Drohen, wobei sich die Tiere mit gesträubten Rückenhaaren und gesenkten Köpfen gegenüberstehen und harte, kehlige Drohlaute ausstoßen. Erkennt einer der Rivalen seine Unterlegenheit, kann er die Auseinandersetzung mit entsprechenden Demutsgebärden beenden. Kommt es jedoch zum Kampf, kann man zwischen Lateral- und Frontalkampf unterscheiden.

Der Lateralkampf ist eigentlich mehr ein Ringkampf, bei dem die beiden Partner eng nebeneinander gepresst versuchen, sich gegenseitig auf den Boden zu werfen, um dann den ungeschützten Bauch des Rivalen mit dem Hauern zu verletzen. Beim Frontalkampf stehen sich die beiden Partner gegenüber und versuchen sich gegenseitig in Kopf, Hals oder Ohren zu beißen.

Gut zu wissen

Schweine sind leicht erregbare Tiere. Massive Auseinandersetzungen zwischen ihnen können sogar tödlich enden. Besondere Vorsicht ist geboten, wenn ein Einzeltier in eine festgefügte Gruppe integriert werden soll.

Eber und Sau

Sicherlich gibt es ihn nur noch selten, den glücklichen Eber, der als „Familienoberhaupt" tagein tagaus bei seiner Herde bleibt, den richtigen Zeitpunkt seiner Deckgeschäfte noch selbst bestimmen und diese auch noch selbst ausführen darf. Denn auch hier hat der Mensch mit viel Phantasie versucht, die Natur zu überlisten und besser kontrollierbar zu machen. Sterilisierte Sucheber, künstliche Besamung, Ebergeruch aus der Spraydose und elektrische Messgeräte zur Brunstfeststellung gehören längst zur bäuerlichen Praxis.

Zyklus- und Brunstdauer verschiedener Tierarten im Vergleich

Tierart	Zyklusdauer	Brunstdauer
Rind	21 Tage	24 Stunden
Pferd	19–23 Tage	5–7 Tage
Schaf	16–18 Tage	24–48 Stunden
Ziege	20–21 Tage	24–48 Stunden
Schwein	21 Tage	2–3 Tage

Die Sau

Gut zu wissen

Muttersauen können in ihrem Temperament sehr unterschiedlich sein. Darauf sollten wir individuell Rücksicht nehmen. Das gilt ganz besonders dann, wenn sie Ferkel führen.

Im Alter von 7 bis 10 Monaten bei einem Gewicht von 65–110 kg werden Jungsauen geschlechtsreif. Von diesem Zeitpunkt an kommen sie in mehr oder weniger regelmäßigen Abständen von 21 (16–24) Tagen in die sogenannte Brunst, auch Rausche oder Östrus genannt. Während dieser etwa sechstägigen Brunstphase findet der Eisprung (Ovulation) als wichtigste Voraussetzung für eine erfolgreiche Befruchtung statt. Im Allgemeinen wird die Brunst in drei zeitlich aufeinander folgende Phasen eingeteilt, wobei jede Phase durch bestimmte, mehr oder weniger gut erkennbare körperliche und verhaltensspezifische Veränderungen gekennzeichnet ist. In der Vorbrunst (etwa 2 Tage) ist das Tier zunehmend unruhig, sehr aufmerksam und leicht erregbar. Der Appetit lässt nach. Andere weibliche Artgenossen werden besprungen und umgekehrt wird auch deren Aufspringen geduldet. Die Sau in der Vorbrunstphase zeigt großes Interesse am Eber, ist jedoch noch nicht bereit, ihn aufspringen zu lassen. Äußerliche Zeichen der Vorbrunst sind die geschwollene und gerötete Scham und der Schleim, der abgesondert wird.

Während der Hauptbrunst (etwa 2 bis 3 Tage) nimmt die Unruhe des Tieres noch weiter zu, ebenfalls das Interesse an den Artgenossinnen. Häufig werden kleine Harnmengen ausgeschieden, Schwellung und Rötung der Scham sind bereits zurückgegangen. Zu diesem Zeitpunkt können wir die volle Begattungsbereitschaft der Sau leicht selbst

Eine echte Männerfreundschaft!

feststellen. Bei Druck auf den Rücken bleibt das Tier im „Vollrausch" mit eng anliegenden Ohren und gespreizten Hinterbeinen stehen (Duldungsreflex). Nur in dieser Phase duldet die Sau das Aufspringen des Ebers.

In der Nachbrunstphase (etwa 1 bis 2 Tage) bilden sich alle für die Brunst charakteristischen körperlichen Veränderungen wieder zurück und das spezielle Brunstverhalten klingt langsam ab. Bei der sogenannten stillen Brunst sind die körperlichen und verhaltensspezifischen Veränderungen sehr schlecht zu erkennen oder lassen sich überhaupt nicht beobachten.

Der Eber

Im Alter von 4 bis 7 Monaten, je nach Rasse, wird der Eber geschlechtsreif. Frühestens mit 8 Monaten sollte er aber erst als Deckeber eingesetzt werden. Im Gegensatz zu den weiblichen Tieren, die sich nur zu bestimmten Zeiten (Brunst) für ihre männlichen Artgenossen interessieren, ist der Eber jederzeit zum „Liebesspiel" bereit. Obwohl Eber in der Wahl ihrer Liebespartnerinnen als nicht besonders wählerisch gelten, lassen sich doch immer wieder besondere Vorlieben oder Abneigungen beobachten.

Info
Eber sind sehr wehrhafte und starke Tiere. Die Haltung und Führung erfordert eine gewisse Erfahrung und immer große Aufmerksamkeit.

Paarungsverhalten

Bevor es zum eigentlichen Deckakt kommt, beriechen und beschnuppern sich die beiden Tiere ausgiebig, wobei der Eber abwechselnd ein lautes und leises Liebesgrunzen (Liebesgesang) ausstößt. Leichte Stöße mit dem Kopf in die Flanken der Sau oder zwischen ihre Hinterbeine gehören ebenso zum Vorspiel des Ebers wie sein lautes Klatschen (Patschen) mit dem Kiefer, das Schäumen und die seitlichen Aufspringversuche.

Häufiges Harnen, gegenseitiges Harnkosten und gegenseitige Hautpflege lassen sich in dieser etwa 5 bis 15 Minuten dauernden Phase ebenso beobachten wie kurze Verfolgungsjagden, bei denen der Eber seine Auserwählte vor sich her treibt. Unmittelbar bevor der Eber aufspringt, legt er seinen Kopf auf die Kruppe der Sau und prüft so ihre „Standhaftigkeit" (Duldungsreflex).

Während des im Vergleich zu anderen Nutztieren lang andauernden Deckaktes (etwa 5 bis 10 Minuten) sind auch kurze Unterbrechungen möglich. Nach dem Deckakt beschäftigen sich die beiden Tiere noch eine Weile miteinander, hierzu gehört vor allem ein intensives gegenseitiges Beriechen. Sind die beiden während der gesamten Brunstperiode zusammen, kommt es während dieser Zeit mehrfach zur Paarung.

Ejakulatmenge verschiedener Tierarten im Vergleich

Tierart	Ejakulatmenge in ml
Hengst	100 (30–500)
Bulle	5 (2–10)
Widder	1 (0,7–2)
Eber	250 (150–500)
Rüde	7 (2–25)

Mutter und Kind

Die Trächtigkeitsdauer bei Schweinen beträgt 113–116 Tage. Während dieser Phase zeigt sich vor allem ein gesteigertes Ruhebedürfnis der Sau. Das Tier wird schließlich nicht nur schwerer, sondern gegen Ende der Trächtigkeit auch immer schwerfälliger.

Wenige Tage vor der Geburt lässt sich dann eine zunehmende Unruhe bei dem Tier beobachten, es frisst kaum noch und versucht, sich von den anderen Tieren etwas abzusondern. Das Gesäuge schwillt an. Wenn Nestbaumaterialien wie Stroh oder kleine Ästchen zur Verfügung stehen, werden diese dankbar angenommen. Diese „Beschäftigungstherapie" scheint sich zudem sehr beruhigend auf das Tier auszuwirken. Einige Stunden vor der Geburt wird das Tier ruhig und nimmt die für die Geburt typische Seitenlage ein. Stöhnen, Zähneknirschen oder heftige Bewegungen mit den Beinen sind deutliche Zeichen für schmerzhafte Vorwehen. Eine ruhige Umgebung ist jetzt für das Tier besonders wichtig.

Geburtsvorgang

Die Dauer einer Geburt ist sehr unterschiedlich und hängt entscheidend vom Alter des Muttertieres, aber auch von äußeren Umständen ab: Junge und unerfahrene Tiere benötigen längere Zeit für die Geburt ihrer Ferkel, und Geburten, die im Freien stattfinden, scheinen im Vergleich zu Stallgeburten schneller abzulaufen.

Ferkel werden in jeder Lage (vorwärts oder rückwärts) geboren, meist die stärksten und kräftigsten Tiere zuerst. Der zeitliche Abstand zwischen den einzelnen Ferkeln beträgt ungefähr 15 bis 20 Minuten. Das Befreien aus ihren Eihüllen macht den Neugeborenen normalerweise keine Probleme. Stroh und anderes raues Nistmaterial kann dabei allerdings äußerst hilfreich sein.

Die Nabelschnur zerreißt, wenn die Ferkel ihre ersten Aktivitäten entfalten und sich auf der Suche nach den lebensnotwendigen Zitzen am Körper der Mutter entlang nach vorne tasten. Jedes einzelne Ferkel wird von der Mutter ausgiebig „beschnüffelt". Diese geruchliche Identifizierung ist auch in den kommenden Wochen ganz entscheidend.

Gut zu wissen

Will man der Schweinefamilie ein fremdes Ferkel unterschieben, erfordert dies zunächst eine geruchliche Anpassung des Fremdlings. Man kann ihn beispielsweise mit Stroh abreiben, das getränkt ist mit dem mütterlichen Harn.

Schöner können es Muttersau und Ferkel nicht haben.

Saugverhalten

Bereits vor, während und ungefähr 48 Stunden nach der Geburt fließt die Milch ganz leicht und kontinuierlich aus den Zitzen. Dies erleichtert den Neugeborenen nicht nur das schnelle Auffinden der Zitzen, sondern garantiert auch, dass sie möglichst rasch die für sie so wichtige Kolostralmilch erhalten.

Später ist dann eine intensive Zitzenmassage durch die Ferkel nötig, um den Milchfluss in Gang zu setzen. Allgemein wird zwischen der Vormassage, der intensiven Saugphase und der Nachmassage unterschieden. Die Vormassage, die ungefähr 1 bis 2 Minuten dauert, ist durch die Lockrufe des Muttertieres und das Hungergeschrei der Ferkel gekennzeichnet. In der maximal 1 Minute dauernden Saugphase ist nur das tiefe und zufriedene Grunzen der Mutter zu hören. Die Nachmassage dauert etwa 2 Minuten.

Ungefähr nach einer Woche hat sich unter den Ferkeln eine feste Saugordnung gebildet, das heißt, bestimmte Ferkel gehen immer an bestimmte Zitzen. Meist sind es die stärksten Ferkel, die für sich die begehrtesten vorderen Zitzen beanspruchen.

> **Info**
> *Ferkel saugen etwa 25- bis 30-mal, verteilt über den gesamten Tag, dabei nachts etwas weniger.*

Mutter-Kind-Kontakt

Sowohl zwischen der Mutter und ihren Ferkeln als auch zwischen den Ferkeln besteht ein enger körperlicher Kontakt. Er ist für die Ferkel lebensnotwendig, da sie noch nicht in der Lage sind, ihre Körpertemperatur zu regeln. Diese Suche nach körperlicher Nähe und Wärme ist aber nicht nur lebensnotwendig, sondern kann im Extremfall auch lebensgefährlich sein. Die Erdrückungsgefahr durch die Muttersau ist

Eine stramme Ferkelmannschaft bei ihrer Lieblingsbeschäftigung.

Der Spielautomat weckt offensichtlich großes Interesse bei den jungen Schweinen.

zwar nicht in allen Haltungssystemen gleich groß, aber immer wieder Ursache für einen traurigen Verlust. Ansonsten sind Schweinemütter sehr fürsorglich und auch wachsam, im „Ernstfall" auch zur mutigen Verteidigung ihrer Ferkel bereit. Eine wichtige Rolle spielen hierbei auch die ständigen Lautkontakte zwischen Muttersau und Ferkeln. Vom gleichmäßigen, mütterlichen Grunzen über heftige Locklaute bei Gefahr bis hin zum Warnschrei bei einem Angriff oder bei einer akuten Bedrohung – jede Lautäußerung der Mutter bewirkt bei den Ferkeln entsprechende Reaktionen. Sie versammeln sich bei der Mutter, um Schutz zu suchen, oder drücken sich bei akuter Bedrohung reglos an den Boden. Bei Schmerzen oder in starker Bedrängnis stoßen die Ferkel ein helles Schreien aus, was wiederum die Muttersau in äußerste Verteidigungsbereitschaft versetzt.

Spielen und Erkunden

Die beiden Verhaltensbereiche „Spielen" und „Erkunden" sind eng miteinander verknüpft und können deshalb nur gemeinsam betrachtet werden. Am häufigsten kann spielerisches Verhalten bei Ferkeln beobachtet werden. Gegenseitige Verfolgungsjagden, spielerisches Raufen, kleinere Kämpfchen sowie das neugierige Erforschen der Umgebung gehören in tierfreundlichen Haltungssystemen zur Tagesordnung und sind für die Beobachter deutliche Zeichen, dass sich die Tiere wohl fühlen. Aber auch erwachsene Schweine spielen gerne. Strohbündel, an Ketten aufgehängte Gegenstände und selbst hergestellte oder käuf-

Gut zu wissen

Intensives Spielen und Erkunden sowie entspanntes Ruhen sind bei jungen Tieren verlässliche Merkmale für ihre Gesundheit und ihr Wohlbefinden.

lich erworbene Spielautomaten mit Beißholz, Rüttelkette und Strohraufe können die Tiere oft über Stunden beschäftigen und bleiben sicher nie unbeachtet.

Jeder erfahrene Schweinehalter fürchtet sich auch ein wenig vor dem ausgeprägten Spieltrieb dieser Tiere und vor ihrer grenzenlosen Neugier. So werden sogar komplizierte Buchtenverschlüsse geöffnet und teuere Tränkeeinrichtungen demoliert. Einen großen Teil ihrer Aktivität widmen die Schweine dem Erkunden irgendwelcher Objekte in Bodennähe. Alles wird beschnüffelt, umgewühlt und angefressen. Durch ihren ausgeprägten Wühltrieb können die Tiere aus einer schönen Wiese in kürzester Zeit einen Acker machen.

Info
Die Verhaltensforschung ist eine relativ junge Wissenschaft, die uns gute Anhaltspunkte für eine artgerechte Haltung unserer Tiere liefert.

Ruhen und Pflegen

Wie bereits mehrfach erwähnt, sind Hausschweine ebenso wie Wildschweine tagaktiv. Trotzdem nehmen die Ruhezeiten einen nicht unerheblichen Teil des Tages ein. Wie lange im Einzelnen geruht wird, hängt vom Alter der Tiere und von ihrer Haltungs- und Fütterungsform ab. So ruhen Ferkel beispielsweise deutlich länger als erwachsene Tiere und Tiere mit Weidegang wesentlich kürzer als Tiere, die ständig im Stall bleiben müssen. Am liebsten liegen die Schweine auf einem trockenen Untergrund an einem zugfreien und etwas Deckung bietenden, nicht zu hellen Ort.

Bei niedriger Umgebungstemperatur rücken die Tiere eng zusammen, um sich gegenseitig zu wärmen. Vor allem die kälteempfindlichen Ferkel ruhen oft zu einem dichten Haufen gedrängt zusammen, sozusagen neben-, auf-, über- und untereinander. Ein völlig entspannter und tiefer Schlaf findet bei erwachsenen Schweinen nur in Seitenlage statt. Fühlen sich die Tiere nicht wohl, etwa bei zu niedrigen Temperaturen, ruhen sie über einen längeren Zeitraum auch in Bauchlage.

Reinlichkeit

Schweine sind, entgegen einer verbreiteten Meinung, nicht nur äußerst intelligente, sondern auch sehr reinliche Tiere. Wenn irgend möglich, versuchen sie ihren Schlaf- und Ruhebereich sauber und trocken zu halten. Deshalb sollte eine klare räumliche Trennung zwischen Liege- und Kotplatz selbstverständlich sein. Ebenso wichtig ist die ausreichende Größe des Liegeplatzes. Auf keinen Fall dürfen diese reinlichen Tiere aus Platzmangel gezwungen sein, im eigenen Kot und Urin zu liegen.

Sehr beliebt ist dagegen ausgiebiges Suhlen im eigens dafür angelegten Schlammbad. Vor allem in der heißen Jahreszeit verbringen Schweine oft mehrere Stunden täglich in der Suhle.

Eine weitere Möglichkeit, die die hitzeempfindlichen Schweine die heiße Jahreszeit besser ertragen lässt, ist die sogenannte Schweinedusche. An einer Stelle des Auslaufs, an der das kostbare Wasser nicht so schnell versickert, wird eine einfache Dusche installiert. Die Tiere können sich dann mehrmals täglich abkühlen und je nach Lust und Laune auch im Wasser liegen und sich wälzen. Allerdings empfiehlt es sich, die Duschzeit und die Duschintervalle durch technische Maßnahmen zu begrenzen und möglichst Brauchwasser zu verwenden.

Eine weitere Stall- oder Weideeinrichtung, die für das Wohlbefinden der Schweine sehr wichtig ist, sind senkrecht und waagrecht angebrachte Scheuerbalken. Schweine sind nämlich im Vergleich zu anderen Huftieren nicht besonders gelenkig und benötigen deshalb solche Hilfsmittel, um sich an allen Körperteilen ausgiebig scheuern und kratzen zu können.

Gut zu wissen

Das Suhlen im Schlamm dient aber nicht nur der Thermoregulation bei hohen Umgebungstemperaturen, sondern schützt die Tiere auch vor Fliegen und Ektoparasiten.

Verhaltensstörungen

Vorweg muss festgestellt werden, dass bei einer artgerechten und tierfreundlichen Haltungs- und Behandlungsform, die den Tieren ausreichend Bewegung und Beschäftigung ermöglicht, sehr selten ernste und folgenschwere Verhaltensstörungen vorkommen. Sie sind

Wie in jeder Familie muss auch bei den kleinen Ferkeln eines das „schwarze Schaf" sein.

meistens auf Haltungsfehler und wesentlich seltener auf genetisch bedingte Ursachen zurückzuführen.

Ferkelfressen

Es kommt vor, dass eine Muttersau unmittelbar nach der Geburt ihre Ferkel auffrisst, wobei sie meist Kopf und Füße übrig lässt. Die Ursache für diese relativ seltene Störung des Mutterinstinktes können eine äußerst schmerzhafte und schwierige Geburt sein, aber auch extrem schlechte Umweltbedingungen.

Bösartigkeit

Völlig andere Ursachen hat die sogenannte Bösartigkeit, bei der die Muttersau „wütend" und wie von Sinnen ihre neugeborenen Ferkel totbeißt, jedoch nicht auffrisst. Es handelt sich hier um eine Störung des Brutverteidigungsinstinktes, das heißt, die Muttersau sieht ihre eigenen Ferkel plötzlich als gefährliche Eindringlinge an. Sowohl eine erbliche Veranlagung als auch die Unerfahrenheit einer sehr jungen Sau können hier als Ursachen genannt werden.

Schwanzbeißen

Bei dieser Verhaltensstörung, die fälschlicherweise als Kannibalismus bezeichnet wird, saugen und knabbern die Tiere an den Schwänzen der Artgenossen. Dieses Verhalten kann zu erheblichen Verletzungen und schmerzhaften Verstümmelungen führen.

Ursachen dieser schlimmen Untugend können Aggressionen aufgrund von Haltungsfehlern sein, etwa eine zu hohe Besatzdichte. Auch strohlose Haltungssysteme oder ein besonders schlechtes Stallklima begünstigen das Ausbrechen dieser Verhaltensanomalie. Oft wird auch ein unbefriedigter Sauginstinkt durch zu frühes Absetzen als Ursache genannt.

Gut zu wissen

Tierschutzstandards sind für jede Schweinehaltung verpflichtend. Sie werden zum Wohle unserer Schweine durch die Tierschutz-Nutztierhaltungsverordnung vorgegeben.

Die artgerechte Haltung des Hausschweins

Es ist schon erstaunlich und zuweilen auch beschämend, welche Unterkunft und Pflege für das Schwein manchem Zeitgenossen als angemessen und zumutbar erscheint. Es handelt sich wohl nach seiner Auffassung um ein Tier, das am liebsten in knöcheltiefem Dreck und Kot wühlt, nicht viel vom Tageslicht hält, gern feucht und muffig wohnt und lieblose Behandlung mit Dankbarkeit und frohem Wachstum vergilt; sich mithin im landläufigen Sinne als Schwein nur unter solchen Bedingungen so richtig sauwohl fühlt.

Gesetzliche Rahmenbedingungen

Das von vielen verkannte Schwein hat, wie wir inzwischen besser wissen, im Prinzip die gleichen und im Speziellen nur anders geartete Ansprüche als die übrigen Haus- und Nutztiere. Dem wurde auch vom Gesetzgeber durch das Tierschutzgesetz und durch die seit dem 1. August 2006 in Kraft getretene „Zweite Verordnung zur Änderung der Tierschutz-Nutztierhaltungsverordnung" Rechnung getragen, denn hier werden die Rahmenbedingungen vor allem hinsichtlich der Beschaffenheit der Stallböden, der Besatzdichten, der Fütterung und dergleichen festgelegt, durch die eine tiergerechtere Haltung „erzwungen" werden soll.

Selbstverständlich wird diese Verordnung nur von denen als „Zwang" empfunden, die bisher ausschließlich an einer rationellen Produktion interessiert waren und das Schwein in erster Linie als Tiermaterial im Sinne einer zu produzierenden Sache gesehen haben und erst in zweiter Linie als lebendiges Wesen.

Doch ist diese Sichtweise nicht allein aus unserem heutigen Zeitgeist geboren, auch in der guten alten Zeit, wo das Schwein in der Landwirt-

Gut zu wissen

Generell entsprechen die hier dargestellten Verfahren den gesetzlichen Anforderungen. Es empfiehlt sich jedoch, vor Einstieg in eine konkrete Planung sich mit der oben genannten Verordnung im einzelnen vertraut zu machen oder das zuständige Landwirtschaftsamt oder das Veterinäramt zu Rate zu ziehen.

Zwei, die sich gut verstehen.

schaft oft nur eine Nebenrolle spielte, wurden von manchen Fachautoren Missstände angeprangert. So schrieb Theodor Vielhauer 1928 in seinem Büchlein „Die Schweinezucht" einleitend zum Kapitel über den Stall und die Zuchtanlage:

„Weil das Schwein so anspruchslos und bescheiden ist, glauben viele Züchter, ihm alles bieten zu dürfen und auf sein Wohlergehen wenig Rücksicht nehmen zu müssen."
  Und weiter:
„Die Ställe sind meist kalt, feucht, dumpfig, dunkel und zu eng. Wir verlangen aber warme, trockene, luftige, helle und geräumige Ställe."

In diesem Sinne sollten wir uns bemühen, den Bedürfnissen unserer Schützlinge durch eine Haltungsform zu entsprechen, die die Erkenntnisse der Verhaltensbiologie mit den ökonomischen Ansprüchen eines Selbstversorgers sinnvoll verbindet.

Tierschutzanforderungen

Maßgebend für die Haltung von Schweinen sind die in der oben genannten Verordnung getroffenen Regelungen. Und diese gelten auch für kleinere Schweinehaltungen, die nicht gewerblich orientiert sind. In der folgenden schematischen Übersicht sind auszugsweise die Bestimmungen zusammengefasst, die die in diesem Buch beschriebenen Haltungsverfahren im Wesentlichen mit konkreten Zahlen präzisieren.

Tierschutzanforderungen

Die wichtigsten Vorschriften und Kennzahlen entsprechend der zweiten Verordnung zur Änderung der Tierschutz-Nutztierhaltungsverordnung vom 1. August 2006, soweit sie für unsere Haltungssysteme von Belang sind

Anforderungen für Haltung in Gruppen an	Schweine unter 30 kg (Ferkel)	Schweine über 30 kg (Zucht-/Mastschweine)	Jungsauen Sauen
Stallboden	rutschfest, trittsicher, eingestreut oder wärmegedämmt u. beheizbar	rutschfest, trittsicher, ohne Verletzungsgefahr	rutschfest, trittsicher, ohne Verletzungsgefahr
Besondere Vorrichtungen	Schutzvorrichtung gegen Erdrücken für Saugferkel (bis 4 Wo) gesundheitlich unbedenkliches Beschäftigungsmaterial (z. B. Stroh, verformbares „Spielzeug")	Vorrichtung zur Verminderung der Wärmebelastung bei hohen Temperaturen (z. B. Dusche/Vernebelung) gesundheitl. unbedenkliches Beschäftigungsmaterial (z. B. Stroh, verformbares „Spielzeug")	Vorrichtung zur Verminderung der Wärmebelastung bei hohen Temperaturen (z. B. Dusche/Vernebelung) gesundheitl. unbedenkliches Beschäftigungsmaterial (z. B. Stroh, verformbares „Spielzeug")
Platzbedarf	0,15 m²/Tier 5–10 kg 0,20 m²/Tier 10–20 kg 0,35 m²/Tier über 20 kg	0,50 m²/Tier 30–50 kg 0,75 m²/Tier 50–110 kg 1,00 m²/Tier über 110 kg	1,85 m²/Jungsau 2,50 m²/Sau (Gruppe bis 5 Tiere) Länge jeder Seite einer Stallbucht mind. 280 cm bzw. 240 cm bei weniger als 6 Tieren pro Gruppe
Fressplatz/Wasser	für Absatzferkel (5–20 kg) gilt: 1 Platz/Tier bei rationierter Fütterung; 1 Platz/2 Tiere bei tagesrationierter Fütterung; 1 Platz/4 Tiere bei freier Aufnahme; 1 Selbsttränke für höchstens 12 Tiere	bei Mastschweinen und Sauen werden heute i. d. R. Breifutterautomaten oder Abruffütterungsanlagen verwendet; darüber hinaus muss jedes Schwein jederzeit Zugang zu Wasser in ausreichender Menge u. Qualität haben, möglichst räumlich getrennt von den Futterstellen	
Licht	grundsätzlich Tageslicht über 3 % Fensterfläche bezogen auf die Stallgrundfläche mit möglichst gleichmäßiger Verteilung jedoch mind. 80 Lux 8 Stunden täglich in Verbindung mit künstlicher Beleuchtung, falls erforderlich		

Temperatur	als Untergrenze mind. 30 °C im Liegebereich der Saugferkel in den ersten 10 Lebenstagen, danach bei einem Durchschnittsgewicht von
	10 kg 16 °C 20 °C
	10–20 kg 14 °C 18 °C
	über 20 kg 14 °C 16 °C
	         mit ohne
	         Einstreu
		Empfehlung: 12–18 °C bei Einstreu	Empfehlung: 12–18 °C bei Einstreu

Pflege	Überprüfen des Befindens der Tiere mindestens einmal morgens und abends. Es ist sicherzustellen, dass beim Schweinehalter bzw. Pflegepersonal – Kenntnisse über die Bedürfnisse von Schweinen im Hinblick auf Ernährung, Pflege, Gesundheit und Haltung, – Grundkenntnisse der Biologie und des Verhaltens von Schweinen, – Kenntnisse über tierschutzrechtliche Vorschriften vorhanden sind. Für einen Eber ist ab einem Alter von 24 Monaten eine Buchtengröße von mind. 6 m² vorzusehen.		

Hygienische Anforderungen

(Schweinehaltungshygieneverordnung vom 12. 6. 99)

Neben den Bestimmungen nach der Schweinehaltungsverordnung, die tierschutzrechtliche Aspekte zum Inhalt hat, wurden im Rahmen der zunehmenden Seuchengefahr (Beispiel Schweinepest) mit dem geänderten Art. 4 der Verordnung vom 7. Juni 2009 strengere seuchenhygienische Bestimmungen erlassen. Diese Bestimmungen werden durch die neue Schweinehaltungshygieneverordnung (BGBL.IS.1252) geregelt und beziehen sich nunmehr auf jede Schweinehaltung, das heißt auch auf Klein- und Kleinstbestände. Ausgenommen sind davon lediglich zoologische Haltungen oder Zirkusse.

Generell sind die seuchenhygienischen Anforderungen nach der Größe der Schweinebestände gestaffelt. Im Folgenden werden die wesentlichen Anforderungen wiedergegeben, die sich als Mindeststandards auf Schweinebestände mit weniger als 20 Mast- oder Aufzuchtschweinen (älter als 12 Wochen) oder weniger als drei Zuchtsauen (mit Nachzucht) beziehen. Dabei beträgt der Umrechnungs- oder Mischungsfaktor für eine Zuchtsau sieben, das heißt eine Zuchtsau entspricht sieben Mastschweinen (älter als 12 Wochen).

Gut zu wissen

Damit gelten auch für unsere kleine Schweinehaltung Mindesthygienestandards, die unbedingt einzuhalten sind. Für Freilandhaltungen sind darüber hinaus noch besondere Auflagen zu erfüllen.

Stallhaltung

Nach Anlage 1 der Schweinehaltungshygieneverordnung ist bei der Stallhaltung Folgendes zu beachten:
- Der Stall sowie die dazugehörenden Nebenräume müssen sich in einem guten baulichen Allgemeinzustand befinden.
- Der Stall muss durch ein Schild „Schweinebestand – für Unbefugte Betreten verboten" kenntlich gemacht werden.
- Der Stall muss so eingerichtet sein, dass Schweine nicht entweichen können.
- Auslaufhaltungen müssen nach näherer Anweisung der zuständigen Behörde so eingefriedet werden, dass ein Entweichen der Tiere verhindert wird. Sie müssen durch ein Schild „Schweinebestand – unbefugtes Füttern und Betreten verboten" kenntlich gemacht werden.
- Der Stall und der sonstige Aufenthaltsort der Schweine bei Auslaufhaltung darf von betriebsfremden Personen nur in Abstimmung mit dem Tierbesitzer betreten werden.
- Stall und Nebenräume müssen jederzeit ausreichend hell beleuchtet werden können.
- Im Stall oder in den dazugehörigen Nebenräumen müssen sich eine Einrichtung, an der Schuhzeug gereinigt und desinfiziert werden kann, sowie ein Wasserabfluss befinden.

Eine gute Weide bietet nicht nur Licht und Luft, sondern auch hochwertiges Futter.

Der künftige Halter von Klein- oder Kleinstbeständen kann generell davon ausgehen, dass das im Folgenden beschriebene Stallhaltungssystem den gestellten Anforderungen in allen Punkten gerecht wird.

Freilandhaltung

Die Bestimmungen nach Anlage 4 der Schweinehaltungshygieneverordnung betreffen in vielen Details größere gewerbliche Schweinehaltungen. Für unsere Klein- und Kleinsthaltung sind vor allem folgende Punkte zu beachten:

- Der gesamte Haltungsbereich muss doppelt eingezäunt sein (Außenzaun). Art und Umfang der Einzäunung wird in der Regel von der Genehmigungsbehörde festgelegt.
- Es muss die Möglichkeit bestehen, im Bedarfsfall (das heißt bei Ausbruch einer Seuche) die Schweine abgesondert in einem Gehege oder Stallgebäude unterzubringen.
- Für den Betrieb einer Freilandhaltung muss eine behördliche Genehmigung vorliegen.
- Es muss sichergestellt sein, dass die Freilandschweine keinen Kontakt zu anderen Schweinen oder Wildschweinen bekommen können.
- Der Tierhalter muss für einen geschlossenen Behälter oder eine sonstige geeignete Einrichtung zur ordnungsgemäßen Aufbewahrung verendeter Tiere sorgen.
- Es muss die Möglichkeit vorhanden sein, Stall, Gerätschaften, Fahrzeuge etc. entsprechend zu reinigen und im Bedarfsfall zu desinfizieren.

Gut zu wissen

Denken wir immer daran, dass bei all der Mühe, die wir für die Einrichtung unserer kleinen Schweinehaltung auf uns nehmen müssen, auch die seuchenhygienischen Maßnahmen zuvorderst dem Schutz unserer Tiere dienen.

- Futter und Einstreu sind sicher geschützt vor Wildschweinen zu lagern.
- Die Freilandhaltung muss durch ein Schild „Schweinebestand – unbefugtes Füttern und Betreten verboten" gekennzeichnet werden.

All diese genannten „Erschwernisse" für die Freilandhaltung können jedoch mit einigem Geschick und bei rechtzeitigem Einschalten der zuständigen Behörde (in der Regel das staatliche Veterinäramt) ohne größere Probleme überwunden werden. Gerade auch für kleine Hobbyschweinehaltungen wurde eine Generalklausel in die Verordnung aufgenommen, die besagt, dass die zuständige Behörde für Schweinehaltungen Ausnahmen zulassen kann, wenn auf andere Weise sichergestellt ist, dass der Schutzzweck der Verordnung erfüllt wird.

Primitive Haltungsformen

Generell sollten wir uns vor Augen halten und dabei auch im Sinne tiergerechter Haltungssysteme darauf Rücksicht nehmen, dass alle heutigen Leistungsrassen unter dem Gesichtspunkt eines möglichst hohen Fleischbildungsvermögens züchterisch wesentlich weiter „vervollkommnet" wurden, als dies ihrer biologischen Konstitution zuträglich ist. Daher erscheint es schwierig und nicht empfehlenswert, heutige Schweinerassen so zu halten, wie dies im Mittelalter bei den primitiven Rassen und Schlägen möglich war; ganz abgesehen von den dazu oft fehlenden natürlichen Voraussetzungen.

Waldweide

Denn im Mittelalter bis in das 18. Jahrhundert hinein war der Umfang der Schweinehaltung gegenüber anderen Nutztieren wesentlich größer, da das Schwein außerhalb der Hofstelle in den nahe liegenden Wäldern und Flussauen reichlich Nahrung fand. Aufgrund seiner ihm eigenen Wehrhaftigkeit in der Herde konnte es sich auch gegenüber Raubtieren leidlich behaupten und war andererseits vom Menschen leicht zähm- und führbar. So weideten vom Frühjahr bis zum Herbst in den ausgedehnten Wäldern Europas große Herden, die nur wenig beaufsichtigt werden mussten und erst zum Beginn des Winters in einfache Pferche getrieben und in primitiven Hütten überwintert wurden.

Hauptnahrung dieser Tiere waren die Früchte von Buchen, Eichen und Kastanien, von denen es zu jener Zeit in den riesigen Laub-Mischwäldern – vor allem in guten Mastjahren – ausreichend gab. Da die Schweine die Fähigkeit besitzen, die im Herbst angefutterte Energie in Speckdepots zu speichern, waren sie für die karge Winterzeit gut gerüstet. Sie erreichten bei entsprechender Zufütterung ohne größere

In den Kastanienwäldern der Mittelgebirge von Korsika treffen wir noch auf halbwilde Hausschweine.

Ausfälle das nächste Frühjahr; es sei denn, sie wurden vom Menschen bereits im Spätherbst, oder im Winter, wenn sie ihr größtes Gewicht erreicht und den dicksten Speck angesetzt hatten, vorzeitig aus dem Verkehr gezogen und für den menschlichen Genuss direkt zubereitet oder ihr Fleisch und Speck zur weiteren Aufbewahrung getrocknet oder geräuchert.

Nach und nach wurde diese Art der Primitiv-Schweinehaltung aufgrund der wachsenden Bevölkerung und der damit verbundenen stärkeren Waldnutzung etwa für Bau- und Brennholz sowie durch eine geänderte Waldbewirtschaftung mit geänderter Zusammensetzung der Baumarten (Austausch der natürlichen Laubbaumarten wie Buche und Eiche durch rasch nachwachsende Nadelholzkulturen) verdrängt.

Kein Zuchtfortschritt

Bis weit in das 18. Jahrhundert hinein gab es durch die vorwiegend einfachen Haltungsformen auch keinen nennenswerten Fortschritt in der Züchtung. Die Tiere entzogen sich einerseits durch ihre relativ freie Lebensweise dem planerischen (züchterischen) Zugriff des Menschen weitgehend und die noch sehr bescheidene Produktivität der Landwirtschaft bot keine ausreichende Futterbasis für eine Leistungsverbesserung der Tiere.

Erst zu Beginn der industriellen Revolution mit der Konzentration der Menschen in den Städten und der einhergehenden Verbesserung der landwirtschaftlichen Produktionsmethoden entwickelte sich ein hohes Nachfragepotenzial an tierischen Erzeugnissen. Und die entsprechende Futtergrundlage für eine „moderne" Schweinezucht und -haltung war dann gegeben.

Info
Innerhalb der bis ins Mittelalter hineinreichenden extensiven Haltungsformen vermehrten sich die Tiere in der Regel unkontrolliert. Daher kam es in dieser Zeit im Vergleich zu heute nur zu einem geringen Zuchtfortschritt.

Die artgerechte Haltung des Hausschweins

Weidehaltung in Korsika, auch heute noch

Will man primitive Schweinehaltungen studieren, so kann man im Landesinnern der Insel Korsika fündig werden. Hier leben die Tiere zum Teil noch halbwild im freien Herdenverband in den ausgedehnten Mischwäldern der Mittelgebirge und ernähren sich ohne großes Zutun der Menschen von Eicheln, Bucheckern und Kastanien. Die Weidegebiete sind oft nur durch einfache und meistens sehr lückenhafte Zäune, Hecken oder Steinwälle voneinander getrennt. Sie werden von den Tieren mehr oder weniger leicht überwunden, sodass sie zuweilen dem Autofahrer auf den schmalen Gebirgsstraßen als unverhofftes Hindernis begegnen.

Als Sammelplatz und Unterbringung für die kühleren Jahreszeiten dienen einfache Pferche und Bretterhütten. Hier konnten die Autoren einige interessante Studien über das Verhalten der Tiere im freien Herdenverband betreiben, da die Schweine sich von den Menschen in ihrem Tun kaum beeindrucken oder stören ließen.

Die große Variabilität im Aussehen der Tiere, die vom ausgesprochenen Wildschweintyp über gefleckte und rötlich gefärbte Tiere bis zum Typ des veredelten Landschweines reichen, lässt darauf schließen, dass hier keine Züchtung im engeren Sinne betrieben wird.

Bemerkenswert ist noch, dass die aus diesen Schweinen gewonnenen Schinken (Coppa/Lonzu) und gefertigten Dauerwürste (Figatelli) sehr schmackhaft, aber auch sehr fettreich sind. Eine Besonderheit sind darüber hinaus die Koteletts, die, gewürzt mit heimischen Kräutern der Macchia und über dem offenen Feuer geschmort, ein vorzügliches Aroma haben und im Vergleich zu Schweinefleisch aus modernen Haltungssystemen beim Bratvorgang nur wenig von ihrer ursprünglichen Größe einbüßen.

Die Aufnahmen auf diesen Seiten legen beredtes Zeugnis von diesen ursprünglichen und für den informierten „Touristen" angenehmen Zustände ab. Für eine Probe dieser Köstlichkeiten empfiehlt sich vor allem der Spätherbst oder das Frühjahr, weil dann die Tiere auf den Markt kommen, die sich an dem aromareichen Herbstsegen in Form von Eicheln und Kastanien haben laben können. Die Sommerschweine werden teilweise sehr knapp mit Futter gehalten und ihr Fleisch ist oft nur von mäßiger Qualität, wenn sie etwa mit Oliven, Äpfeln und allerlei Abfall versorgt wurden.

Doch zurück zu unseren heimischen Verhältnissen. Jeder, der bei uns

> *Gut zu wissen*
>
> *Auch in wenig oder nicht besiedeltem Gelände sind Stallbauten, ja sogar Einzäunungen möglicherweise nicht zulässig. Das sollte natürlich vor Beginn einer Schweinehaltung bei den zuständigen Ämtern ermittelt werden.*

Halbwilde korsische Schweine nehmen ein erfrischendes Bad in der Molke, die häufig als Zufutter dient.

Schweine halten möchte, muss sich und seine Tiere im Vergleich zu den eben beschriebenen Umständen wesentlich einschränken. Das betrifft sowohl die Freizügigkeit der Haltung, die durch die dichte Besiedlung und entsprechende gesetzliche Vorschriften wie Nachbarschaftsrecht, Emissionsschutzgesetz und Ähnliches eingeengt wird. Und es betrifft die völlig anderen klimatischen Gegebenheiten, die für unsere mehr oder weniger hochgezüchteten Tiere eine feste Behausung, also einen ordentlichen Stall erfordern.

Korsische Köstlichkeiten – Figatelli und Lonzu.

Der Stall

Wenn wir uns vor Augen halten, für welchen Interessentenkreis dieses Buch vornehmlich geschrieben ist, so ist zu vermuten, dass der größte Teil der Schweinehalter als Selbstversorger oder Hobbyhalter entweder auf vorhandene Stallungen und Gebäude zurückgreifen oder im Außenbereich von Wohnsiedlungen eine mehr oder weniger ausgeprägte Robusthaltung betreiben wird. Daher wollen wir vor allem diese beiden Ausgangssituationen behandeln und zwischen festen Ställen für die „normale" Haltung und Primitivställen (Hütten) für die Robusthaltung unterscheiden.

Geschlossene Stallbauten

Zunächst ist zu erwähnen, dass man sich für eine Schweinehaltung, soweit sie nicht im Rahmen einer Landwirtschaft oder als Fortsetzung einer bestehenden Kleinhaltung betrieben wird, in der Regel in bereits vorhandenen Gebäuden einrichten muss, weil zum Beispiel der Neubau eines Stalles in der Nähe von Wohnsiedlungen oft auf große Schwierigkeiten stößt.

Nun sind aber die Möglichkeiten zur Nutzung vorhandener Gebäude durch die örtlichen Gegebenheiten so vielfältig, dass es kaum möglich ist, diese einzelnen Variationen auch nur annähernd zu beschreiben.

Daher wollen wir versuchen, anhand der Skizze für den Bau eines idealen Stalles den Zustand herauszuarbeiten, der sowohl dem Schwein als Bewohner als auch dem Menschen als Halter und Pfleger am besten gerecht wird. Das heißt, wir wollen einen Idealzustand entwerfen und beschreiben, dem sich jeder nach seinen örtlichen Gegebenheiten so weit wie möglich nähern sollte.

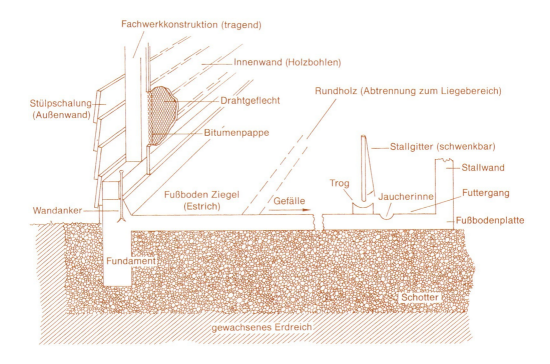

Beispiel für Fundament, Boden- und Wandaufbau eines Schweinestalles.

Fundament

Am geeignetsten und sichersten ist eine auf Schotter gegossene Fundamentplatte aus Beton, wie sie beim Hausbau üblich ist. Dazu ist der Humus zuvor zu entfernen und bei Bedarf die verlorene Höhe durch verdichteten Sand unter der Schotterdecke auszugleichen. Damit wird verhindert, dass durch die Kapillarwirkung Wasser in den Stallboden eindringt.

Darüber hinaus empfiehlt es sich, die Betonplatte so anzubringen, dass sie 15–20 cm über das umliegende Erdreich hinausragt, um die Gewähr dafür zu haben, dass der Stallboden auch bei stärkeren Regenfällen trocken bleibt.

Liegt der Stallboden teilweise im Erdreich, etwa in einer Hanglage, ist eine Ringdrainage um den Plattenkörper in einer Kiesschicht anzubringen und der Wandkörper gegen die Drainageschicht abzudichten. Ferner muss die Platte ein entsprechendes Gefälle aufweisen, damit der von den Schweinen abgegebene Urin in die Kot- bzw. Jaucherinne abfließen kann.

Auf die Fundamentplatte sollte als Grundstock für die Außenwände rundum ein Betonsockel in einer Höhe von etwa 20–30 cm aufgegossen werden. Dieser soll einerseits das Eindringen und das Austreten von Feuchtigkeit verhindern, andererseits die Ankerelemente für die Wandaufbauten aufnehmen.

Außenwände

Die Konstruktion und das Material für die Umfassungselemente des Stalles sind ausschlaggebend für ein gutes Stallklima. Um den Stall trocken und warm zu gestalten, bieten sich aufgrund der Erfahrungen in unserem Klima grundsätzlich drei Möglichkeiten an:
- Ausführung der Außenwände in Massivbauweise mit einem Mauerwerk aus Ziegelsteinen (Hohlblockziegel)
- Ausführung in Holzbauweise
- Kombination aus beiden Materialien

In keinem Fall sollten die Außenwände aus massivem Beton gefertigt werden, weil solche Wände nicht „atmen" können und wegen ihrer hohen Wärme- beziehungsweise Kälteleitfähigkeit mit einer aufwändigen, teueren Wärmedämmung versehen werden müssen.

Wenn wir davon ausgehen, dass ein Großteil der Schweinehalter darauf bedacht sein wird, durch persönlichen Einsatz, gepaart mit handwerklichem Geschick, den Stall für seine Schützlinge selbst zu planen und zu bauen, bietet sich sicherlich die Holzbauweise als am besten geeignete und auch kostengünstigste Lösung an. Daher wird auf Seite 82 eine Basisversion skizziert, die in ihrer Grundkonstruktion jeweils von einem Holzfachwerk ausgeht.

Version 1: Holzverkleidung. Dieses besteht in jedem Falle von innen zunächst aus engmaschigem Drahtgeflecht als Schutz gegen Ratten und Mäuse und wird dann bis zu einer Höhe von etwa 1,20 m mit Bitumen- oder Dachpappe als Schutz vor Zugluft und schließlich mit etwa 2,5 cm starken Hobeldielen (mit Nut und Feder) in waagerechter Schalung beplankt. Zur Außenseite hin wird zwischen den Fachwerkelementen eine etwa 10 cm starke Schicht Isoliermaterial aus Mineralfasermatten angebracht. Beim Zuschneiden und Anbringen ist auf absolute Passgenauigkeit zu achten, sonst entstehen unnötige Kältebrücken.

Die Wetterseite ist schließlich mit einer waagerechten Stülp- oder einer senkrechten Deckelschalung möglichst aus sägerauen Brettern von etwa 2 cm Stärke zu versehen. Durch diese Art der Konstruktion ist gewährleistet, dass einerseits die Unbilden des Wetters wirksam abgehalten werden, zum anderen hinter der Schalung genügend Luft zirkulieren kann, um Schimmelbildung und Fäulnis zu verhindern.

Wird eine solche Wandkonstruktion fachgerecht ausgeführt, kann man auch getrost auf Holzschutzmaßnahmen verzichten; allerdings sind bei den tragenden Teilen die geltenden Bauvorschriften hinsichtlich einer erforderlichen Imprägnierung zu beachten. Wer dennoch auch die wetterseitige Schalung behandeln möchte, sollte von vornherein zu hochdruckimprägnierten Schalbrettern greifen, die keinen weiteren Anstrich mehr benötigen und somit langfristig Zeit und Geld sparen. Lässt man das Holz unbehandelt, setzt es im Laufe der Zeit eine silbergraue Patina an, die einer Schutzschicht gleichkommt. Dieses Aussehen ist oftmals an alten Feldscheunen zu beobachten.

Info
Schweine sind sehr empfindlich gegen kalte, zugige Umgebung mit relativ hoher Luftfeuchtigkeit.

Version 2: Ziegelmauerwerk. Wer größeres handwerkliches Geschick besitzt, kann sich für die Außenhaut und die Isolierung an eine etwas aufwändigere, aber noch vorteilhaftere Konstruktion wagen, die wie folgt aussieht: Auf einem entsprechend verbreiterten Fundamentsockel wird außen vor dem Fachwerk ein 12–15 cm starkes Ziegelmauerwerk schichtweise hochgezogen, wobei als Isolier- und Dämmschicht in den Hohlraum zwischen die Balken des Fachwerks jeweils schubweise feuchter Lehm (evtl. gestreckt mit kurz geschnittenem Stroh) eingebracht und gut verdichtet wird. Eine solche Konstruktion hat den Vorteil, das sie die zum Teil extremen Klimadifferenzen zwischen innen und außen nicht nur einfach abschirmen kann, sondern dazu auch besser in der Lage ist, in einem gewissen Umfang die Temperaturunterschiede fließend auszugleichen und die erheblichen Wasserdampfmengen aus dem Stall aufzufangen und nach draußen langsam abzuleiten. Die Ausführung der Innenwände wird gleich wie im ersten Fall gestaltet.

In beiden Fällen ist bei gewissenhafter Ausführung die Gewähr für einen warmen, trockenen Stall mit „atmenden" Wänden gegeben. Eine solche relativ aufwändige Wandkonstruktion ist jedoch nur für einen geschlossenen Warmstall sinnvoll; für Offenställe reichen einfachere, aber winddichte Wände.

Stallboden

Da für eine gesunde und erfolgreiche Schweinehaltung ein trockener und möglichst „warmer" Boden das oberste Gebot darstellt, sollte zumindest der Liegebelag aus hart gebrannten Ziegeln bestehen, die mit Zementmörtel verfugt sind. Die Laufflächen einschließlich Mist- und Futtergang sollten aus leicht strukturiertem Zementestrich sein, der einerseits die Gefahr des Ausgleitens begrenzt und andererseits die Möglichkeit einer einfachen und gründlichen Reinigung bietet.

Im Liegebereich kann man schließlich noch ein Übriges tun und zwischen die Bodenplatte und die Liegeschicht aus Ziegeln eine Wärmedämmung einbringen. Doch wir halten eine solche Maßnahme für überflüssig, wenn der Liegebereich trocken bleibt und ordentlich eingestreut wird, zumal bereits eine dünne Strohschicht einen erheblichen Dämm- und Isolierwert besitzt.

Türen und Fenster

Abgestimmt auf die Wärmeisoliermaßnahmen in den Außenwänden sind auch entsprechende Vorkehrungen bei den vorzuhaltenden Öffnungen zum Außenbereich zu treffen. Daher sollten die Türen, die nach außen führen, doppelwandig und mit einem wirksamen Isolierkern konstruiert sein.

Zur Belichtung, aber auch zur Be- und Entlüftung des Stalles sind ausreichend Fensterflächen vorzusehen, denn beides ist ausschlagge-

Info

Es wäre generell ein Vorteil, waagerecht geteilte Türen (sogenannte Klöntüren) vorzusehen, die vor allem im Sommer als zusätzliche Lüftungsmöglichkeit oder in der Futterküche als Abzugsöffnung für den Wasserdampf dienen können.

Ein frei zugänglicher Auslauf wird von unseren Tieren dankbar angenommen.

bend für das Wohlbefinden und die Gesundheit der Tiere. Schweine sind intelligente und hochsensible „Nasentiere", die einen hohen Anspruch an das Stallklima haben, was auch heute noch von vielen Tierhaltern nicht bedacht oder verdrängt wird. Die Nichtbeachtung dieser Elementaransprüche des Schweins muss daher nur allzu oft durch zusätzlichen konstruktiven und technischen Aufwand sowie durch den Einsatz von Medikamenten ausgeglichen werden. Darüber hinaus sollten die Fenster über Kippflügel verfügen, die in der warmen Jahreszeit als zusätzliche Lüftungsfläche genutzt werden können.

Ausgehend von der Faustregel, dass die Fensterfläche etwa 3–4 % der Stallgrundfläche betragen sollte, ist zu überlegen, ob nicht angesichts der heutigen Glasqualitäten der Anteil der Fensterfläche auf etwa 8–10 % erhöht werden könnte, um dem Anspruch der Tiere noch näher zu kommen.

Wichtig ist auch die Lichtverteilung auf die Stallfläche. Entsprechend der zumeist üblichen rechteckigen Anordnung der Bodenfläche sollten die Fenster im oberen Drittel der langen Seite des Rechteckes angebracht sein, damit sich eine möglichst gleichmäßige Lichtverteilung ergibt.

Als Material für die Fensterrahmen ist ebenfalls Holz, etwa einheimische Kiefer oder Fichte, zu empfehlen. Da die Fenster bei der empfohlenen Stallkonstruktion durch das abgeschleppte Dach in Richtung Süden sowohl vor zu starker Sonneneinstrahlung als auch weitgehend vor Schlagregen geschützt sind, ist hier eine lange Lebensdauer zu erwarten. Anordnung und Funktion sind den Abbildungen Seite 86 und 87 zu entnehmen.

Gut zu wissen

Eine wohlüberlegte Anordnung und Dimensionierung von Fenstern und Türen im Stall erlaubt eine optimale Lichtverteilung und eine variable Be- und Entlüftung.

Die artgerechte Haltung des Hausschweins

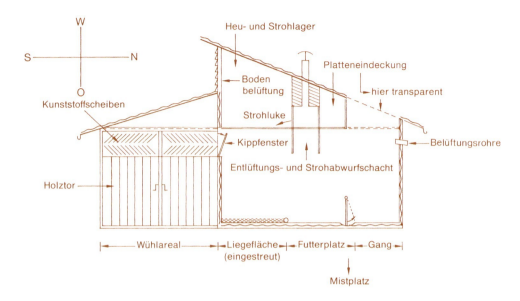

Schematische Darstellung eines Warmstalles mit angebautem Wühlareal.

Stalldecke

Entsprechend ihrer Funktion, den Luftraum des Stalles nach oben zu begrenzen und zum anderen als Lagerstätte für die erforderlichen großen Stroh- und kleineren Heumengen zu dienen, sollte die Decke geschlossen sein und eine ausreichende Tragfähigkeit besitzen.

Als Grundelemente dienen einfache Fichtenbalken, die auf der Längsseite in die Fachwerkkonstruktion fachgerecht eingebunden werden. Auf diese Deckenbalken, die im Abstand von etwa 50 bis 70 cm verlaufen, werden parallel zur Längsachse des Stalles Holzdielen von 30 mm Stärke genagelt; wer eine riesel- und staubdichte Decke erreichen will, sollte entsprechende Dielen mit Nut und Feder verwenden.

In Kombination mit den darüber liegenden Strohballen ist eine solche einfache Decke wärmetechnisch völlig ausreichend und dazu noch sehr kostengünstig. Empfehlenswert ist über jedem Stallabteil eine etwa 70 × 70 cm große Luke, durch die man den Stall bequem von oben mit der nötigen Menge Stroh beschicken kann.

Nicht vergessen werden darf bei der Strohlagerung auf dem Dachboden eine ausreichend große Zufahrtmöglichkeit für die Zulieferung des Strohs (in der Regel ein Schlepper oder Pkw mit Anhänger) sowie eine entsprechend dimensionierte Tür (Luke) an einer der Giebelseiten des Stallgebäudes. Auch sollte eine bequeme Zugangsmöglichkeit vom Stall, dem Schopf oder der Futterküche in den Bodenlagerraum vorgesehen werden, am besten in Form einer einfachen Holzstiege; bewegliche Leitern bergen immer eine gewisse Unfallgefahr.

Wird die Einstreu in einem Nebengebäude gelagert, muss die Stalldecke gegen Wärmeverluste isoliert werden. In einem solchen Fall

Gut zu wissen

Durch die mehrfunktionale Nutzung des Strohs, einmal als Wärmedämmung und als Einstreu, schlagen wir zwei Fliegen mit einer Klappe.

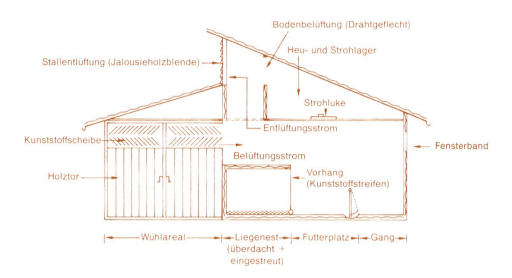

Schematische Darstellung eines Kaltstalles mit angebautem Wühlareal.

würde es sich jedoch anbieten, keinen Bodenraum für Lagerzwecke zu planen, sondern gleich eine entsprechend wärmegedämmte Dachkonstruktion, etwa in Form eines Pultdaches.

Für das Dach selbst ist eine solide Zimmermannskonstruktion mit Ziegel- oder Platteneindeckung ausreichend. Zu empfehlen ist lediglich im ersten Fall das Anbringen einer Folie gegen Flugschnee.

Stallklima

Eng verbunden mit der baulichen Gestaltung und Konstruktion ist das Stallklima, dessen wesentliche Merkmale durch die Temperatur, die Luftfeuchtigkeit und die Luftzusammensetzung bestimmt werden. Von der günstigen Zusammensetzung dieser drei Merkmale hängen wiederum entscheidend das Wohlbefinden, die Gesundheit und die Leistung der Tiere ab.

Gesteuert wird das Stallklima vor allem durch die Wärmedämm- bzw. Wärmeleitfähigkeit der verwendeten Baumaterialien für Wände, Fußböden und Decken oder Dach und eine entsprechend wirksame Be- und Entlüftung des Stalles. Die wichtigsten und gleichzeitig am einfachsten festzustellenden Merkmale sind Temperatur und Luftfeuchtigkeit. Als optimaler Bereich gilt bei Schweinen ein Temperaturbereich von 12–16 °C für Sauen und 15–18 °C für Masttiere. Ferkel haben je nach Alter besondere Temperaturansprüche, die noch näher im Zusammenhang mit der Vermehrung erläutert werden.

Für alle Schweine gilt ein Luftfeuchtigkeitswert um 70 % als optimal. Eine gesonderte Messung oder Berechnung der Luftzusammensetzung insbesondere der Schadgase Kohlendioxid (CO_2) und Ammoniak

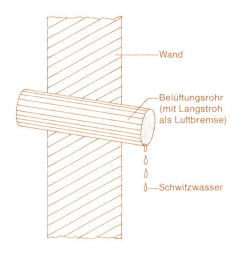

Rohrbelüftung an der Außenwand.

Info

Eingemauerte Tonröhren in den Außenwänden als Lüftungselemente finden wir an vielen alten Stallkonstruktionen. Sie sind kostengünstig und für einfache Stallungen ausreichend.

(NH_3) erscheint nicht erforderlich, da man davon ausgehen kann, dass die zur Erreichung der optimalen Werte für Temperatur und Luftfeuchtigkeit notwendigen Luftbewegungen (Be- und Entlüftung) auch diese Werte in zuträglichen Grenzen halten. Darüber hinaus ist auch das Riechorgan des Schweinehalters bei einiger Erfahrung durchaus geeignet, schlechte Werte wahrzunehmen, woraus dann die geeigneten Gegenmaßnahmen abzuleiten sind.

Die wichtigste und wirkungsvollste Maßnahme zur Regulierung des Stallklimas ist demnach das Be- und Entlüftungssystem. In unserem Fall bietet sich als einfache Lösung das Prinzip der Schwerkraftlüftung über Fenster, Abluftschächte und dergleichen an, da wir unseren Stall nicht so dicht belegen wollen, dass eine Zwangslüftung durch den Einsatz von Ventilatoren notwendig wird.

Das Prinzip der Schwerkraftlüftung macht sich das physikalische Phänomen zu Nutze, dass warme Luft aufsteigt und kalte Luft zu Boden sinkt. Für unseren Fall bedeutet dies, dass wir die Be- und Entlüftungsöffnungen so anbringen müssen, dass die verbrauchte wärmere Luft entweichen und frische kältere Luft in ausreichender, gleicher Menge nachströmen kann, ohne dass für die Tiere gefährliche Zugluft entsteht.

Eine Möglichkeit besteht beispielsweise darin, im oberen Fünftel der nordseitigen Wand Tonröhren einzumauern, die frische Luft in das Innere des Stalles führen. Sinnvoll ist in diesem Fall, dass die Röhren etwa 5–8 cm aus der Außenwand herausragen, damit etwaiges Schwitzwasser nicht an den Außenwänden abläuft, sondern frei auf den Boden tropfen kann und Ungeziefer – wie kleineren Nagern – das Eindringen erschwert wird. Zur Regulierung der Luftmenge und damit auch der Temperatur kann man in den kalten Wintermonaten entsprechende Büschel lang geschnittenes Stroh oder Schilf in die Röhren einbringen.

Eine andere Möglichkeit für die Frischluftzufuhr besteht darin, die Zwischenräume zwischen einigen Balkenfeldern als Zuluftkanäle auszubilden, indem man unter die Balken Bretter nagelt, die nur schmale Schlitze freilassen, durch die frische Luft eintreten und sich im Stall verteilen kann. Dazu sind natürlich entsprechende Maueröffnungen für die Zuluftschächte vorzusehen, die wir zur Regulierung der Luftmenge mit einem Holzschieber versehen und nach außen mit einem Drahtgitter gegen Ungeziefer absichern.

Entsprechend den Vorkehrungen für die Frischluftzufuhr sind auch für den Abtransport der verbrauchten Luft Installationen vorzunehmen.

Eine sehr wirkungsvolle Methode besteht darin, etwa 70–80 cm über dem Boden zentral einen senkrechten Abluftschacht mit quadratischem Querschnitt anzubringen, der durch die Decke und das Dach führt und eine gute Entlüftung gewährleistet. Die Abmessungen sollten etwa bei 70 × 70 cm liegen, jedoch nicht über 100 × 100 cm hinausgehen, weil dann kein ausreichender Auftrieb mehr gegeben ist.

Der Abluftschacht sollte oberhalb der Stalldecke möglichst doppelwandig mit einer entsprechenden Isolierung ausgeführt sein, um eine übermäßige Abkühlung der aufsteigenden Luft zu verhindern, da sich sonst Schwitzwasser an den Innenwänden niederschlägt und zurück in den Stall tropft. Die Isolierung kann im Dachraum auch dadurch erfolgen, dass der Schacht eng mit Strohballen umkleidet wird, die ohnehin dort verfügbar sind. Sinnvoll ist es auch, im Bereich des Dachbodens seitlich eine Luke anzubringen, die es ermöglicht, den Abluftschacht auch gleichzeitig als Abwurfschacht für Stroh und Heu zu nutzen.

Fassen wir zusammen, so ist festzuhalten, dass eine Schwerkraftlüftung dann einen ausreichenden Luftaustausch und den Abtransport der Stallfeuchtigkeit mit entsprechenden Staubpartikeln und Schadgasen bewältigen kann, wenn der Temperaturunterschied zwischen außen und innen relativ groß ist. Mit anderen Worten, wenn der Stall dank seiner Konstruktion und der wärmedämmenden Materialien von den Tieren selbst so weit warm gehalten wird, dass die Innentemperatur

Moderner Ferkelaufzuchtstall mit beheizbaren Ferkelbetten.

> **Info**
>
> *Als Faustzahlen zur Dimensionierung von Lüftungsanlagen kann man sich merken, dass für 500 kg Lebendgewicht pro Stunde 60 m³ Luftaustausch erforderlich sind und die Öffnungsquerschnitte für die Zuluft denen für die Abluft in etwa entsprechen sollten. Im Zweifel sind die Lüftungsmöglichkeiten größer auszulegen als die Berechnungen ergeben und lieber dafür Möglichkeiten einer besseren Dosierung vorzusehen.*

wesentlich über der Außentemperatur liegt, funktioniert dieses System ausgezeichnet, da die Auftriebskraft für den Abtransport der verbrauchten Stallluft von eben diesem Temperaturunterschied abhängt.

Probleme kann es – auch bei bester Bauweise – an heißen Sommertagen geben, da dann der Temperaturunterschied stark abnehmen wird. In diesem Fall sollte man die oberen Teile der Stalltüren (Klöntüren) und die Fenster an der Südseite öffnen, um so die Luftzirkulation zu unterstützen. Bei sehr kleinen Schweinebeständen reicht in der Regel auch die Be- und Entlüftung durch eine geschickte Anordnung der Fenster aus. Bei Offenställen erübrigt sich eine Lüftungsinstallation naturgemäß.

Kälte schadet nicht so sehr, Zugluft ist jedoch in jedem Fall zu vermeiden. Klimatechnisch richtig konzipiert ist ein Stall, wenn die Wärmebilanz, das heißt das Verhältnis von Wärmeverlust durch Bauteile und Lüftung zu Wärmeerzeugung durch die Tiere, ausgeglichen ist. Nur so sind die eingangs genannten Werte hinsichtlich Temperatur, relativer Luftfeuchtigkeit und Schadgas- beziehungsweise Partikelkonzentration im Optimum zu halten und kontrollierbar.

Stallareale und ihre Funktionsbereiche

Üblicherweise wird in der modernen Schweinehaltung zwischen Zucht- und Mastbetrieben unterschieden und hier auch eine entsprechende Differenzierung bei den Haltungsverfahren, den Stallbauten und den Stalleinrichtungen vorgenommen. Der Hobbyhalter und Selbstversorger sollte dieser aus rein ökonomischen Beweggründen herausgebildeten Systematik nicht folgen, sondern mit besonderem Blick auf tiergerechte Haltungsformen die sogenannte Familienhaltung oder Familiengruppenhaltung als „alternative" Haltungsform wählen.

Diese Haltungsform, kombiniert mit einer entsprechenden Stallkonzeption in Anlehnung an den von dem Nutz- und Zootierethologen Stolba entwickelten „möblierten" Familienstall, scheint uns gerade auch für unsere Anliegen, nämlich gesundes Schweinefleisch von hoher Qualität zu gewinnen und gleichzeitig den Tieren eine artgemäße Lebenswelt zu bieten, am besten geeignet.

Die Familiengruppenhaltung wurde auf der Grundlage intensiver Verhaltensbeobachtungen an Hausschweinen im Freigehege entwickelt. Dabei wurde festgestellt, dass Hausschweine sehr rasch im Freiland das Verhaltensrepertoire ihrer wilden Stammesgenossen

Der Stall

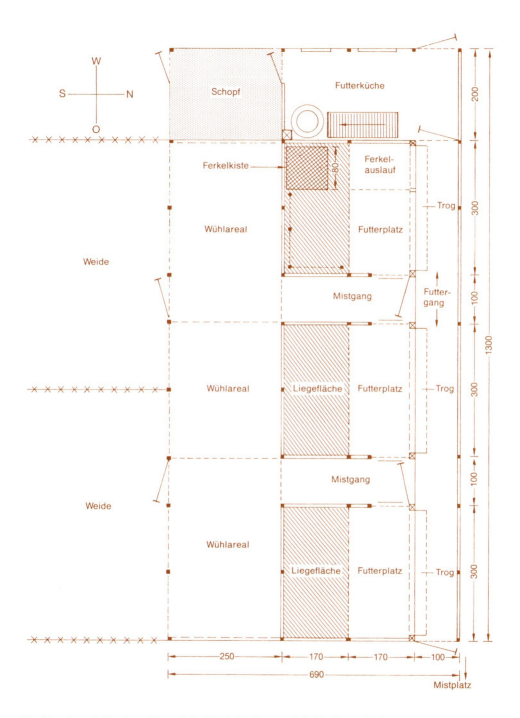

Der hier dargestellte Grundriss mit drei Stallabteilen ermöglicht eine variable Zuordnung der einzelnen Areale und damit eine hohe Flexibilität in der Stallbelegung.

zeigen und ausleben. Das betrifft sowohl das soziale Verhalten gegenüber den Mitgliedern der Gruppe (Rotte), das Nestbauverhalten und das Sexualverhalten wie auch den Umgang mit der „neuen" Umwelt allgemein.

Daraus wurde eine Stall- und Haltungskonzeption entwickelt, die zwar in reduzierter, offensichtlich jedoch in ausreichender Form Umweltreize bietet, die es den Hausschweinen ermöglichen – im Gegensatz zu den industriellen Haltungssystemen – ihre arteigenen Bedürfnisse besser zu befriedigen. Auch die ökonomische Bewertung dieser Haltungsform fällt durchaus positiv aus, wenn man eine langfristige Kosten-Nutzen-Rechnung aufstellt und auf die Nachhaltigkeit einer Produktion Wert legt, die von einer höheren Lebenserwartung und Nutzung der Tiere (Sauen und Eber) sowie einem geringeren Einsatz von Medikamenten ausgeht.

Im Folgenden soll die Stallaufteilung und -einrichtung zu einem Haltungssystem beschrieben werden, das die vier Funktionsbereiche Ruhen, Fressen, Koten und Aktivität als wesentliche Elemente der Lebensäußerung umfasst.

Areal 1

Entsprechend dem beispielhaften Grund- und Aufriss des Stallgebäudes haben die Tiere im Areal 1 eine kombinierte Ruhe- und Fresszone, die lediglich durch einen niedrigen, am Boden verankerten Rundbalken untergliedert ist. Dieser Balken hat die Funktion, die Einstreu im Liegebereich zusammen- und damit sauber und trocken zu halten. Dadurch wird Einstreu (vor allem Stroh) gespart und der Aufwand für das Entmisten erheblich reduziert. Jedenfalls werden die Schweine von sich aus ihren Liegeplatz peinlich sauber halten, wenn dieser Bereich richtig platziert (warm, trocken und zugfrei) und dimensioniert (ausreichend, aber nicht zu groß) ist.

Die Verschmutzungsgefahr durch Abkoten der Tiere ist größer im Bereich des vorgelagerten Fressplatzes. Hier kann jedoch durch eine energische, aber verständnisvolle Erziehung sehr schnell erreicht werden, dass die Tiere zumindest zum Abkoten den Mistplatz aufsuchen. Durch diese erzieherische Maßnahme fällt es relativ leicht, den Futterplatz mit ein wenig Handarbeit (Besen, Gummischieber) von Urin, Futterresten und Kot sauber zu halten, sodass sich die Tiere vor allem in den Sommermonaten, wenn sie diesen nicht eingestreuten Bereich gern als kühles Liegeplätzchen auswählen, nicht zu stark verschmutzen.

Der Futterplatz selbst sollte so gestaltet sein, dass er oberhalb des Troges mit einem Schwenkgitter zum Futtergang hin abgeschlossen ist, damit man den Trog gleichmäßig füllen kann, bevor man den Tieren durch Vorschwenken des Gitters die Gelegenheit gibt, gleichzeitig mit dem Fressen zu beginnen.

> **Info**
> *Sinnvoll strukturierte Stallbereiche, die den natürlichen Lebensäußerungen der Schweine entgegenkommen, verringern bei ihnen Stress und Unruhe.*

Zufriedene Mutterschweine in einem überdachten Außenbereich mit viel Stroh.

Areal 2

Es umfasst den Mistplatz, der als breiter Mistgang ausgeführt ist und etwa 5 cm tiefer liegt als das übrige Stallbodenniveau, mit einem leichten Gefälle (2–3 %) zum Futtergang. Hier können die Tiere ausgiebig koten und harnen und zur Südseite hin den überdachten Auslauf mit dem integrierten Wühlareal erreichen.

Der Mistgang endet in einer Jaucherinne, die im Futtergang vor den Trögen verläuft und außen in der Jauchegrube endet. Auch für die Jaucherinne ist naturgemäß ein entsprechendes Gefälle vorzusehen. Am besten gestaltet man sie offen, dann ist sie leicht mit Besen und Wasserschlauch zu reinigen und zu kontrollieren.

Areal 3

Die Tiere erreichen es über den Mistgang durch einen Schlupf an der Südseite des Gebäudes. Es handelt sich hier um ein im Niveau um 30 cm tiefer gelegenes Gelände mit einer betonierten Bodenplatte und niedrigen seitlichen Begrenzungen aus Holzbohlen, das mit einer Mischung aus Sägespänen, Rindenmulch und Sand in Höhe von etwa 20 cm aufgefüllt wurde. Das Areal ist vollständig überdacht mit einer Eindeckung aus Verbundfaserzementplatten im Wechsel mit Welltransparentplatten, um auch von oben genügend Licht eintreten zu lassen.

Als äußere Umfassung des Bodens sind Holzbalken oder schwere Rundhölzer verlegt, die verhindern sollen, dass das Wühlmaterial sich unkontrolliert verteilt. Die Einzäunung erfolgt mit einem Holz- oder Metallgitterzaun, in den auch die Grünfutterraufen eingehängt werden.

Gut zu wissen

Die auf dem Mistgang hinterlassenen Exkremente sollten mindestens jeden zweiten, möglichst jedoch jeden Tag, am besten zu den Fresszeiten, mit einer großen Mistschaufel und einem Schubkarren auf den Misthaufen verfrachtet werden. Dies halten wir im Sinne der Tiere wie auch des Halters für unbedingt nötig, erfordert es doch nur wenige Minuten Zeit.

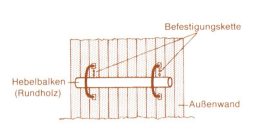
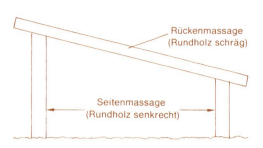

Den ausgeprägten Spieltrieb und die ungeheuere Scheuerlust des Schweines können wir mit dem Hebebalken und dem Scheuergestell leicht in geordnete Bahnen lenken.

Außer dem weichen Wühlmaterial laden in diesem Bereich ein Hebebalken und Scheuerpfähle zur Beschäftigung und zum Spiel ein.

Ist genügend Platz zur Verfügung und möchte man es seinen Schweinen noch komfortabler machen, kann man außerhalb dieses Areals 3 noch ein flaches Becken anlegen, das mit Wasser gefüllt wird und als Suhle dient. Vor allem in den heißen Sommermonaten, wenn die Tiere Probleme mit ihrer Wärmeregulierung bekommen, da Schweine kaum Schweißdrüsen besitzen und entsprechend auf Kühlung von außen angewiesen sind, sind sie für solche Extras außerordentlich dankbar.

Eine Alternative besteht darin, eine Sprühanlage (Schweinedusche) etwa 1,5–2 m über einem Teil des Wühlareals zu installieren, die sich in regelmäßigen Abständen einschaltet oder von den Schweinen selbst durch entsprechende Drucktasten betätigt wird. Da Schweine intelligent genug sind, muss sich der Betreuer nicht wundern, wie schnell sie lernen und wie oft sie diese Labsal nutzen werden.

Es empfiehlt sich, das Wühlmaterial nach einigen Monaten auszuwechseln, um die Ausbreitung von Krankheitserregern und Parasiten in Grenzen zu halten. In diesem Fall ist es von Vorteil, wenn das Wühlareal nach Entfernen der Scheuerpfähle und des Hebebalkens für einen Schlepper mit Frontlader zugänglich ist, denn damit ist die Arbeit schnell erledigt. Das entnommene Material wird auf den Misthaufen gebracht und schließlich zusammen mit dem Festmist (Stroh und Exkremente) kompostiert oder direkt als Dünger ausgebracht.

Das Highlight – eine elektrisch angetriebene Schweineputzbürste. Wer möchte da nicht gleich mitmachen?

Stalleinrichtungen

Zur Wahl von Form und Material für die Stalleinrichtung sollen hier nur einige wesentliche Bemerkungen gemacht werden, da der Markt sehr vielfältig ist und nahezu alle Wünsche erfüllen kann. Nachdem wir für uns als Hobbyhalter und Selbstversorger auch einiges handwerkliche Geschick in Anspruch nehmen, sollten wir uns bei der Gestaltung der Buchtenabtrennungen, Türen, Gatter, Ferkelkisten und dergleichen nach gut bearbeitbaren Materialien umsehen. Dies ist vornehmlich der Werkstoff Holz.

Als Halterung in den Wänden und in den Böden bieten sich Produkte aus verzinktem Metall an, ebenso für Zwischentüren, Absperrgitter und Fressgitter mit entsprechend robuster Mechanik. Als Material für die Tröge hat sich lasiertes Steingut bewährt. Als Tränkeeinrichtung empfehlen wir Tränkenippel im Bereich des Mistganges, die bei einer Kaltstallausführung aber durch isolierte Zuleitungsrohre, eine elektrische Heizung oder ein Fließumlaufsystem vor dem Einfrieren geschützt werden müssen.

Nebenräume und Arbeitsmittel

Wie aus dem Grund- und Aufriss der Stallkonzeption ersichtlich, ist auch ein Nebenraum vorgesehen, der vornehmlich als Futterküche dient. Dabei dürfen wir das Wort „Küche" wörtlich nehmen, denn die Verfütterung von Hackfrüchten wie etwa Kartoffeln macht eine Erhitzung des Futters erforderlich. Dazu benötigen wir einen großen Garkessel, der in einen steinernen Ofen eingelassen oder diesem aufgesetzt ist.

Der Ofen wird mit Festbrennstoffen, vorwiegend Holz, betrieben. Demnach ist ein entsprechender Kamin vorzusehen, der mit einem Räucherschrank auf dem Dachboden kombiniert werden könnte. Der Garkessel leistet im Übrigen auch bei der Hausschlachtung gute Dienste, indem hierin das Ausgangsmaterial für die Brühwurstherstellung, aber auch das Siedfleisch zubereitet werden.

Neben dieser zentralen Einheit sollte ein alter Schrank zur Verfügung stehen, der die Arbeitskleidung und allerlei Kleinkram aufnimmt wie Notizkalender, Karteikarten, Reinigungs- und Desinfektionsmittel, Ersatzglühlampen, Stricke, Werkzeug, Arbeitskleidung, Bürsten und vieles mehr. Dazu sollte eine Wandhalterung vorhanden sein für die wichtigsten Arbeitsgeräte wie Schaufel, Mistgabel und verschiedene Besen. Ferner benötigen wir diverse Eimer und Kübel sowie große Schöpflöffel und eine Futterkiste für Schrot, Kleie und Kraftfutter.

Die Lagerung der Futtermittel sollte nicht in der Futterküche vorgesehen werden, sondern in einem separaten Raum oder auf dem Dachboden über der Futterküche. Auch sonstige sperrige Gerätschaften, die nicht häufig benötigt werden, sowie Abfall- und Bauholz können dort eingelagert werden.

Info
Die Auswahl der Materialien für Stallbau- und Einrichtungselemente sowie die Zuordnung der Nebenräume sollten wir sorgfältig planen. Dadurch reduziert sich die Routinearbeit und lässt uns mehr Zeit für die Betreuung der Tiere.

Neben der Futterküche befindet sich in Verlängerung des Wühlareals ein Schuppen oder Schopf, der ebenfalls überdacht ist, aber zu den Seiten hin nur mit einfachen Brettern gegen die Unbilden der Witterung abgeschirmt wird. Hier werden vor allem das Brennholz gelagert, die Schubkarre, die Leiter, Pfähle für die Weidezäune, Draht und anderes mehr.

Der Mistplatz

Auf der gegenüberliegenden Stirnseite des Gebäudes im Osten wird ein Mistplatz angelegt. Er besteht aus einer Betonplatte für die Lagerung des Festmistes mit entsprechender dreiseitiger Einfassung aus herausnehmbaren Holzbohlen. Die Platte hat allseits eine Erhöhung, die verhindert, dass die Jauche ins Erdreich abfließt. Zu einer Seite hin hat sie ein leichtes Gefälle und einen Abfluss, der in die unterirdische Jauchegrube mündet.

Die Jauchegrube ist ebenfalls so zu gestalten, dass die Jauche nicht ins Erdreich entweichen kann, da sonst erhebliche Beeinträchtigungen des Grundwassers zu erwarten sind.

Mist- und Jauchelagerung

In einem landwirtschaftlichen Betrieb mit einem auf die Nutzfläche abgestimmten Tierbestand sind die Ausscheidungen der Tiere, vermischt mit der Einstreu, ein wesentlicher Faktor für die Fruchtbarkeit der Böden, zumal dieser wirtschaftseigene Dünger nicht nur als Ernährung für die Pflanze direkt dient, sondern auch den Boden zusätzlich mit organischer Masse anreichert und Futter für die den Boden belebenden Mikroorganismen liefert.

Besonders in den alternativ wirtschaftenden Landbaubetrieben geriet diese alte Erkenntnis wegen des dort verpönten Einsatzes von synthetisch hergestellten Düngemitteln wieder zu hohem Ansehen. Die wirtschaftseigenen Dünger aus der Tierhaltung in Form von Mist, Jauche, Gülle und Kompost gehören hier zum unabdingbaren Bestandteil des landwirtschaftlichen Betriebskreislaufes.

Allerdings gehen die Meinungen über die Form der Lagerung und die Art der Behandlung von Mist und Jauche zum Teil weit auseinander. Mit diesem Spezialthema ließe sich – so unwahrscheinlich es klingen mag – ein ganzes Buch füllen. Für uns ist jedoch lediglich die Frage einer ordnungsgemäßen Lagerung und Verwertung des Tierdungs von Bedeutung.

Wer sich darüber hinaus noch mit Fragen der verschiedenen Dungbehandlungsmethoden und -verwertungsmöglichkeiten beschäftigen möchte, findet anregende und ausführliche Informationen dazu vor allem in der zum „Ökologischen Landbau" erhältlichen Literatur.

Gut zu wissen

Für den Bau der Mistplatzanlage mit Jauchegrube bestehen strenge gesetzliche Vorschriften, über die sich der Tierhalter bei der örtlichen Baubehörde oder der regionalen Beratungsinstitution (Landwirtschaftsamt oder Landwirtschaftskammer) informieren sollte.

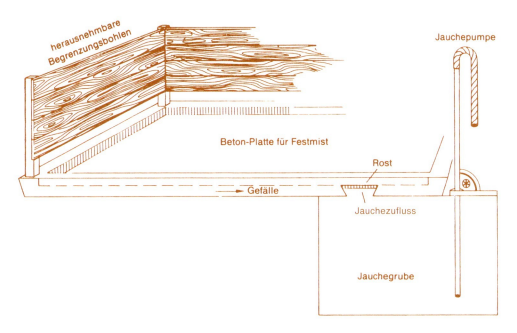

Schema für eine Mistplatte mit Jauchegrube und -pumpe, um den anfallenden Festmist und die flüssigen Ausscheidungen der Tiere sachgerecht lagern zu können.

Lagerkapazitäten

Wichtig ist, sich über die Lager-Kapazitäten klar zu werden, die man für eine etwa halbjährige Aufbewahrung des Düngers benötigt. Entsprechende Faustzahlen werden auf der Basis einer Großvieheinheit (GV) berechnet, die etwa dem Gewicht eines erwachsenen Rindes entspricht.

Dabei ist von folgenden Verhältnissen auszugehen:
- Niedertragende und leere Sauen, Eber   0,3 GV
- Sauen mit Ferkeln bis 10 kg   0,4 GV
- Sauen mit Ferkeln bis 20 kg   0,5 GV
- Ferkel (7–35 kg)   0,03 GV
- Jungsauen (30–90 kg)   0,12 GV
- Mastschweine (20–105 kg)   0,13 GV
- Mastschweine (25–115 kg)   0,14 GV
- Mastschweine (35–120 kg)   0,16 GV

Wenn man nun weiß, dass eine GV (Großvieheinheit) bei Festmist mit einer Stapelhöhe von 2 m eine Lagerkapazität von 0,4 m² und für die Jauche einen Grubenanteil von 0,6 m³ bezogen auf jeweils 1 Monat benötigt, so ist der notwendige Lagerraumbedarf recht leicht zu errechnen.

Da wir in einem Haltungssystem mit getrenntem Liege-/Futter- und Kotplatz mit einer reduzierten Menge an Stroheinstreu auskommen dürften, jedoch einen etwas höheren Anteil an flüssigem Dung zu erwarten haben, sollte man hinsichtlich der Jauchegrube etwas mehr

Gut zu wissen

Die Art und Möglichkeit der Dungverwertung sollte in jedem Fall als eine der ersten und wichtigsten Fragen geklärt sein, wenn wir eine Schweinehaltung aufbauen wollen.

Kapazität vorsehen. Dazu kommt die Überlegung, dass man für Festmist immer noch eine Möglichkeit finden dürfte, die Kapazität – etwa durch eine größere Stapelhöhe – zu erweitern, während die Jauchegrube keine erweiterte Disposition bietet, wenn sie einmal vollständig gefüllt ist.

Schließlich gibt es für die Ausbringung des Düngers etwa in Wasserschutzgebieten – speziell für Jauche und Gülle – sehr detaillierte Vorschriften. In allen Bundesländern werden inzwischen auch außerhalb von Wasserschutzgebieten Ausbringungszeiten und -mengen in einer sogenannten „Gülleverordnung" geregelt. Die entscheidende Regelung besteht dabei darin, dass die Ausbringung besonders von flüssigem Dünger (Jauche oder Gülle) nur innerhalb der Vegetationszeit erlaubt ist.

Diese Vorschrift bindet uns in jedem Fall hinsichtlich der vorzuhaltenden Lagerkapazität, gleichgültig ob wir unseren Dünger auf selbst bewirtschafteten Flächen ausbringen oder ihn einem Landwirt zur Verfügung stellen.

Dungbehandlung

Zum Schluss noch einige Anmerkungen zur Behandlung des Mistes, den wir nicht als Abfallprodukt sehen wollen, sondern als Teil des natürlichen Kreislaufs in der Landbewirtschaftung. Der Frischmist besteht aus Kot, Harn und Stroh. Er wird im Laufe der sogenannten Rotte durch Mikroben (Bakterien) umgesetzt, indem die Kohlenstoffverbindungen des Strohs abgebaut und Mineralstoffe freigesetzt werden (Mineralisation). Gleichzeitig werden die im Kot und Harn enthaltenen Eiweißverbindungen (Stickstoff) in andere Stickstoffverbindungen (unter anderem Ammoniakverbindungen) überführt, die von der Pflanze aufgenommen werden können.

Eine alte und für unsere Verhältnisse nach wie vor sinnvolle Methode besteht darin, den Mist zu stapeln und nicht einfach auf einen Haufen zu werfen. Zum einen sparen wir damit erhebliche Lagerkapazität hinsichtlich der notwendigen Mistplatzfläche, zum anderen kann man auf diese Weise die „Rotte" – also den Umsetzungsprozess zu Kompost – fördern und gleichzeitig verhindern, dass unnötig große Mengen gasförmiger Bestandteile entweichen und die Atmosphäre belasten. Das aus dem Wühlareal anfallende organische Material kann entweder mit dem Festmist zusammen gestapelt oder in einer Kompostmiete verarbeitet werden.

Gerade der Hobbyhalter sollte darauf bedacht sein, durch sinnvolle Maßnahmen die Umwelt nicht unnötig zu belasten und die unangenehmen Begleiterscheinungen wie Gestank, Dreck und Lärm einer Schweinehaltung für die Mitmenschen möglichst gering zu halten. Nur so kann er auf Toleranz und Verständnis hoffen oder sogar eine bescheidene Lobby gewinnen.

Offenställe für die Robusthaltung

Ausgehend von dem gleichen Grundriss, besteht auch die Möglichkeit, statt des beschriebenen Warmstalles einen Kaltstall in Form eines Offenstalles zu bauen oder vorhandene Gebäude entsprechend umzugestalten. Dabei kann die Aufteilung der Funktionsbereiche im Prinzip unverändert bleiben.

Bauliche Abweichungen am Stallgebäude

Generell sollte man nach unserer Ansicht an der Konstruktion der Außenhaut des Stalles und den Stallböden nichts ändern. Im Unterschied zum Warmstall entfallen an der Südseite die Fenster ersatzlos. Ferner wird ein Teil der Stalldecke an der Südseite um etwa 1 m nach innen versetzt und lediglich mit auf Lücke gesetzten Bohlen begehbar gehalten, sodass Licht und Luft ungehindert einströmen können.

Allerdings – und das ist wichtig – sind über die gesamte Länge des Liegebereiches in Höhe von etwa 1,50 m variable Abdeckplatten anzubringen, die verhindern sollen, dass die einströmende Kaltluft direkt auf die Schweine herabfällt und damit die Tiere in ihrer Gesundheit beeinträchtigt. Die Abdeckplatten sollten mit Scharnieren an der Rückwand befestigt sein, damit sie beim Säubern des Liegebereichs hochgeklappt werden können.

Eine besondere Lüftungsanlage mit Abzugskamin und Röhren in der Außenwand oder Lüftungskanälen unter der Stalldecke ist nicht erforderlich, da durch die offene Gestaltung der Südfront der notwendige Luftaustausch ungehindert erfolgen kann. Allerdings sollte man den oberen Teil mit jalousieartigen Holzblenden versehen, um das Eindringen von Schlagregen und Schnee zu verhindern.

In den heißen Sommermonaten können darüber hinaus zusätzlich die oberen Teile der Stalltüren an der West- und Ostseite geöffnet werden. In sehr strengen Wintern empfiehlt es sich, auf dem um 1 m zurückverlegten und luftdurchlässigen Teil der Stalldecke in geringen Abständen Strohballen aufzuschichten, die einen gewissen Wärmeschutz gewährleisten; schließlich kann man auch den oberen Teil der Stallwand mit einer transparenten Rollfolie versehen, um die Tiere gegen zu strenge Kälte abzuschirmen. Als Alternative käme auch infrage, den überdachten Liegebereich besonders gut einzustreuen und seitlich mit einigen aufgeschichteten Strohballen abzugrenzen, sodass die Tiere sich ein warmes Nest bauen können.

Gut zu wissen

Der entscheidende Unterschied des Offenstalls gegenüber dem Warmstall besteht darin, dass wegen des geringeren baulichen Aufwands die Kosten wesentlich niedriger sind, aber bei den Tieren im Winter mit etwas geringeren Gewichtzunahmen zu rechnen ist, da die Tiere mehr Erhaltungsenergie aufwenden müssen.

Info

Versuche haben gezeigt, dass Schweine Kälte relativ gut vertragen. Der Gesundheit viel abträglicher sind Zugluft und hohe Luftfeuchtigkeit. Diese beiden Elemente kann man im Offenstall zu jeder Jahreszeit gut im Griff behalten, sodass eine solche Stallform aus haltungstechnischen und kostenmäßigen Gründen durchaus empfehlenswert ist.

Solch einfache Hütten sind gut als Schutz gegen Sonne und Wind geeignet, nicht aber als Behausung für die kalte Jahreszeit.

Freilandhaltung

Darunter verstehen wir nicht einfach extensive Weidehaltung in den gemäßigten Jahreszeiten, sondern die ganzjährige Haltung im Freien. Dazu benötigen wir ausreichendes, geeignetes Gelände und einen alten Schuppen oder einen neu gebauten Primitivstall als Unterschlupf für die Schweine und für die Lagerung von Stroh und Futter.

Das Weideareal

Je nach Güte und Beschaffenheit des Bodens und des Bewuchses rechnet man mit einer Fläche von etwa 500–800 m^2 je Tier, die benötigt werden, um das Tier selbst und die entsprechende Nachzucht zu halten, ohne dass die Weidefläche überbeansprucht wird. Auf einem Hektar gutem Weideland lassen sich also während der Vegetationsperiode bis zu 20 ausgewachsene Schweine bei entsprechender Zusatzfütterung ernähren.

Einzäunungen

Für den Hauptzaun empfehlen wir aus Kosten- und Haltbarkeitsgründen eine Kombination aus Ausforstungsstangen und Elektrodraht in der

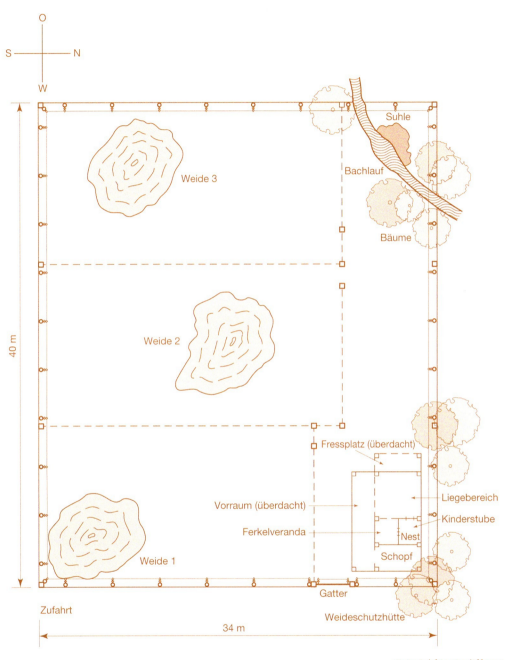

Beispiel für ein differenziertes Weideareal, in dem sich unsere Schützlinge sicherlich sauwohl fühlen werden.

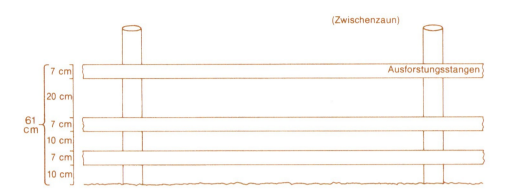

Möglichkeit für einen Außenzaun (eventuell mit zusätzlichem Elektrodraht) und einen einfachen Innenzaun.

Diese Weide wird beispielhaft von einem Holzzaun mit massiven Bohlen begrenzt.

Weise, dass an der Innenseite in jeweils 10 und 30 cm Abstand über dem Boden zusätzlich ein Elektrodraht mit Isolatoren gespannt wird. Insgesamt ist für den Hauptzaun eine Höhe von 0,80 m ausreichend; bei sehr agilen Tieren und Kreuzungen, etwa mit Wildschweinen, würden wir jedoch auf 1,00 m gehen.

Für die Einteilung der Gesamtweidefläche in sinnvolle Portionsweiden kann man ebenfalls Ausforstungsstangen verwenden, allerdings können diese Zwischenabgrenzungen etwas schwächer ausgeführt sein. Eine sehr bewährte und flexibel zu handhabende Alternative ist die Verwendung von Elektrozäunen, die zur Weidepflege sehr leicht entfernt und danach rasch wieder aufgebaut werden können. Je nach Temperament unserer Tiere reichen hier zwei bis drei Elektrolitzen übereinander. Mit einem innerhalb des Hauptzaunes zusätzlich ange-

Freilandhaltung

brachten Elektrozaun können wir im Übrigen auf sehr einfache Weise die Vorschrift nach der in der Schweinehaltungshygieneverordnung geforderten doppelten Einzäunung erfüllen.

Alle Portionsweiden sollten über einen gemeinsamen Triebweg von der Schutzhütte aus erreichbar sein. In der Regel setzen die Schweine auf diesem Weg zu ihrem Weideplatz auch Kot und Harn ab, sodass die Weideflächen davon etwas verschont bleiben und sich nicht so leicht Brand- und Geilstellen im Bewuchs bilden können.

Weidebewuchs

Der Bewuchs kann durch entsprechende Pflege- und Düngemaßnahmen positiv beeinflusst und langfristig stabilisiert werden. Bei sehr schlechtem Bewuchs empfiehlt sich zunächst ein Umbruch und eine anschließende Neuansaat. Dabei hat sich eine Mischung aus Wiesenschwingel (15–20 kg/ha), Wiesenrispengras (8–10 kg/ha), Deutschem Weidelgras (4 kg/ha), Lieschgras (4 kg/ha) und Weißklee (3 kg/ha) gut bewährt.

Überständiges Gras und Geilstellen auf abgeweideten Portionen sind abzumähen und können – soweit möglich – als Viehfutter anderweitig Verwendung finden oder werden getrocknet und als zusätzliches

Die ganzjährige Weidehüttenhaltung mit versetzbaren Hütten ist nur in milden Klimaten möglich.

Gut zu wissen

Schweine verdauen und verwerten rohfaserreiches Futter nur sehr schwer. Sie benötigen stets junges, blattreiches und damit proteinreiches Futter in Form von Gräsern, Klee und Kräutern. Daher ist über die Portionierung der Gesamtweide dafür zu sorgen, dass die Schweine stets dort ihre Weide finden, wo junger Gras- und Kleeaufwuchs steht.

Gut zu wissen

Das Einziehen von Nasenringen oder Wühlklammern in die Rüsselscheibe der Schweine, um eine Schädigung der Grasnarbe zu verhindern, ist aus Tierschutzgründen abzulehnen und bei ausreichend Möglichkeit zum Wühlen und Suhlen außerhalb des eigentlichen Weideareals auch nicht erforderlich.

Einstreumaterial in der Schweinehütte verwendet. Es ist in jedem Fall besser, eine ausgewachsene, überständige Weideportion zu mähen und erst dann die Schweine auf das nachwachsende Grün zu treiben. Zwar hat man dadurch etwas Mehrarbeit, aber doch auch doppelten Nutzen durch das gewonnene Heu.

Um die Grasnarbe langfristig zu schonen und zu festigen, sollte man die einzelnen Portionen vor allem im Frühjahr nach den Winterfrösten walzen.

Wo Obstbäume auf der Weide stehen, ist es sinnvoll, den Wurzelbereich durch das Anbringen von Lattenrosten oder durch Holzeinfassungen zu sichern, da die Tiere mit ihren Rüsseln besonders im Bereich der Baumscheiben aktiv sind. Gern halten sich die Schweine im Sommer während der heißen Tageszeit im Schatten von Bäumen auf.

Wo also auf der Weide noch nicht genügend Schatten spendende Exemplare vorhanden sind, sollte man fleißig pflanzen, jedoch die jungen Bäume noch entsprechend gegen Benagen und Scheuern schützen. Am besten eignen sich hochstämmige Obstbäume alter Sorten, die gegen viele Krankheiten resistent sind, nur wenig Pflege benötigen, meist schnell wachsen und dazu für Mensch und Tier köstliche Früchte liefern.

Die Wasserversorgung

Eine der wichtigsten Fragen bei der Freilandhaltung ist eine ausreichende Wasserversorgung über das ganze Jahr. Ist ein natürlicher Wasserlauf vorhanden, sollte man zunächst prüfen lassen, ob er qualitätsmäßig als Tränkewasser geeignet ist. Fällt dieses Urteil positiv aus, so ist festzustellen, ob der Bach- oder Flusslauf das ganze Jahr hindurch Wasser führt oder ob er im Sommer austrocknet und im Winter regelmäßig zufriert. Falls eines oder beides der Fall sein sollte, ist eine zusätzliche Wasserversorgung zu organisieren. Dabei sollte man vor allem für den Winter daran denken, dass die Zufahrt für einen Hänger mit wärmeisoliertem Wasserfass bei hohen Schneelagen erheblich erschwert sein könnte.

Sehr gut wäre es natürlich, wenn der Zugang zur natürlichen Wasserstelle gleich auch als *Suhle* von den Tieren genutzt werden könnte. Eine entsprechend gestaltete Einzäunung dieses Bereichs wird diese Möglichkeit begünstigen. Zu achten ist jedoch darauf, dass die Besitzer der bach- oder flussabwärts liegenden Grundstücke dadurch nicht beeinträchtigt werden.

Die Schutzhütte

Gegen die gröbsten Unbilden der Witterung vor allem im Winter sowie für die trockene Lagerung von Futter und Stroh sollte man eine Weide-

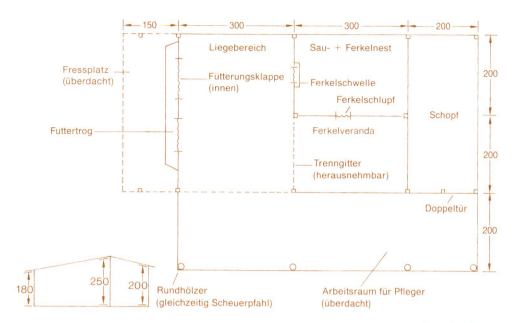

Grund- und Aufriss der Weidehütte mit den drei Funktionsbereichen.

hütte errichten. Es empfiehlt sich, zuvor beim zuständigen Landwirtschaftsamt oder der entsprechenden zuständigen Behörde in Erfahrung zu bringen, inwieweit und in welcher Form Einzäunungen und Schutz- und Weidehütten erlaubt sind. Soweit sich das Areal im Gebiet überwiegend landwirtschaftlich genutzter Flächen befindet, dürfte einer Genehmigung nichts im Wege stehen.

Als Standort wählen wir möglichst einen Platz, der vom Weg oder der Straße aus auch bei schwiergen Wetterverhältnissen gut zu erreichen und möglichst trocken ist. Ideal wäre etwa eine kleine Anhöhe unter einem großen schattenspendenden Baum. Die teilweise offene Eingangsseite der Hütte sollte möglichst nach Süden ausgerichtet sein, der Lagerraum nach Westen.

Konstruktion

Die Hütte kann ausschließlich aus einem Holzskelett bestehen, das von außen mit sägerauen Brettern oder einfachen Schwartenbrettern beplankt wird. Wer etwas aufwändiger vorgehen will, kann die Hauptpfosten auf Einzelfundamentblöcke aus Beton aufsetzen, um Fäulnisbildung zu verhindern, doch ist es für die Lebensdauer einer solchen Hütte durchaus ausreichend, wenn die Tragepfosten in dem Teil, mit dem sie in den Boden eingelassen sind, gut imprägniert wurden.

Für die Konstruktion eignen sich sowohl Kanthölzer, als auch einfache Rundhölzer oder eine Mischung aus beiden. Auch das Äußere der Hütte, also die Form und die verwendeten Materialien, sollten aufeinander abgestimmt sein; schließlich haben wir gerade bei den Schweinen ein negatives Image aufzubrechen. Daher ist es nur recht und billig, wenn die Behausung der Tiere und die nähere Umgebung nicht wie ein „Schweinestall" aussehen, der mehr schlecht als recht aus alten Türen, Fenstern und Plastikplanen zusammengezimmert ist. Auch die Spaziergänger, Besucher und letztlich wir selbst sollen am Anblick einer schön gearbeiteten Weidehütte Freude haben.

Dach

Besonderer Wert sollte auf die Dichtigkeit des Daches gelegt werden. Daher sind auch hier Verbundfaserzementplatten oder ähnliche Baustoffe zu empfehlen. Sie sind leicht und schnell zu verlegen, dauerhaft und passen sich der umliegenden Landschaft an.

Wer sich mehr zutraut, kann auch ein Grasdach vorsehen. Ein solches ist von seiner Funktion her natürlich ideal und ästhetisch ausgesprochen schön. Es bedarf jedoch einer speziellen Unterkonstruktion und anfangs etwas Pflege. Im vorderen Bereich der Hütte sollte man einen möglichst großen Dachüberstand einplanen, damit der Pfleger in diesem Bereich auch bei schlechtem Wetter trocken hantieren kann.

Einrichtung der Hütte

Es ist empfehlenswert, die Hütte in drei Funktionsbereiche zu gliedern. Auf der Westseite sollte man die Kammer für die Lagerung der Einstreu und des Futters vorsehen. Sie ist im vorderen Teil mit einem kleinen Tor verschließbar zu gestalten, damit sich die Tiere nicht selbst bedienen können oder etwa ein Zweibeiner sich daran zu schaffen macht. Auch die notwendigen Gerätschaften sind in dieser Kammer unterzubringen nebst einem kleinen Hängeschrank für Werkzeug und einer Notapotheke.

Daran anschließend in der mittleren Kammer wird die Kinderstube in Form einer großen Ferkelkiste mit einem von oben zu öffnenden Deckel untergebracht. Sowohl die Futterkammer als auch die Kinderstube sollten einen festen Boden aus Holzbohlen erhalten, der im Bereich der Ferkelkiste gut eingestreut wird.

Die dritte Kammer schließt übergangslos an die Kinderstube an und dient als Wühl- und Schlafareal für die halbwüchsigen und erwachsenen Tiere. Hier kann man den natürlichen Boden belassen, ihn jedoch mit einer Matratze aus etwa 30 cm Sand, Stroh, Kaff (Spreu), Sägemehl, Mulchrinde nach Belieben einstreuen. Beobachtungen an im Freiland gehaltenen Hausschweinen haben gezeigt, dass diese ihr Schlafareal peinlich sauber halten, sodass nur etwa einmal im Jahr eine Auswechslung dieses Materials – am besten im Herbst – erforderlich wird.

Gut zu wissen

Dem „Komfort" für den Pfleger sollte gerade bei dieser Art der Schweinehaltung besonders große Aufmerksamkeit gewidmet werden, denn es gibt auf die Dauer nichts Frustrierenderes, als sich ständig über diverse Unzulänglichkeiten ärgern zu müssen, die man mit ein wenig Überlegung hätte von vornherein vermeiden können.

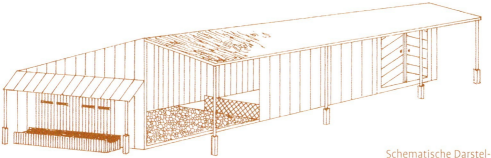

Schematische Darstellung einer Weidehütte mit drei Funktionsbereichen: offener Teil mit außen liegendem Fressbereich, Kinderstube mit Ferkelveranda und Lagerraum.

Ferkelbereich

Die Ferkelkiste ist nach jedem Wurf zu reinigen und frisch einzustreuen. Um in der Ferkelkiste in der warmen Jahreszeit einen Hitzestau zu vermeiden und generell ein gutes Raumklima zu gewährleisten, hat es sich bewährt, statt eines festen Deckels zwei mit Draht bespannte Holzrahmen zu verwenden, zwischen die eine lockere Schicht Stroh eingebracht wird. Diese Strohschicht verhindert einerseits das ungehinderte Eindringen von Kaltluft, fördert jedoch andererseits einen zugfreien Luftaustausch und hält die Wärme im Nest. Wie dick und wie dicht diese Strohschicht sein wird, kann man nur durch Beobachtung und eigene Erfahrung herausfinden, da die klimatischen und baulichen Gegebenheiten jeweils sehr unterschiedlich sein dürften.

Fütterungsbereich

Der Futterplatz kann im Freien angelegt sein, sollte jedoch ein Dach haben, damit bei starken Regenfällen die Futtertröge nicht überschwemmt werden und sich darin nicht eine ungesunde saure Brühe bildet, die auch für den Magen einer Sau nicht verträglich ist. Empfehlenswert ist es, den Futterstand an der Ostseite, also neben dem Schlaf- und Wühlareal außen anzubringen. Um die Fütterung für den Pfleger zu erleichtern, sollte der Trog von innen mittels einer Klappe in der Seitenwand des Schlaf- und Wühlareals beschickbar sein. So steht der Pfleger vor den Schweinen und kann die Fütterung auch bei schlechtem Wetter trocken und in Ruhe vornehmen. Die Tränke sollte ebenfalls im Außenbereich in der Nähe des Troges angebracht sein. Für die Winterzeit sind Vorkehrungen gegen das Einfrieren des Trinkwassers zu treffen.

Generell ist noch anzumerken, dass wir besonders für die Freilandhaltung die Familienhaltung in Gruppen, also einer geschlossenen Herde empfehlen. In jedem Fall sind jedoch die Bestimmungen der Schweinehaltungshygieneverordnung zu beachten.

Kapazität und Belegung der Stallvarianten

Wenn wir uns darüber klar werden wollen, wie viele Tiere wir in den beschriebenen Stallformen und Haltungsverfahren aufziehen und mästen können, sollten wir als Grundannahme von einer optimalen Belegung mit Nachzucht ausgehen; daraus können wir dann in verschiedenen Schritten andere Varianten der Schweinehaltung ableiten.

Familienhaltung

Ausgangspunkt soll ein Familienhaltungssystem mit zwei Muttersauen und einem Eber sein, wobei wir möglicherweise auch nur zeitweise einen Eber „mieten", da die Haltung eines Ebers in einer so kleinen Einheit verhältnismäßig hohe Kosten verursacht. Eine andere Möglichkeit besteht auch darin, die rauschige Sau dem Eber zuzuführen. Die Entscheidung hängt von den realen Gegebenheiten ab.

Eine optimale Ausnutzung der Stallkapazitäten erreichen wir in allen drei beschriebenen Stallvarianten, wenn die beiden Muttersauen jeweils versetzt um etwa drei Monate abferkeln, wobei wir davon ausgehen, dass die in der Gruppe gemästeten Tiere nach sechs Monaten als schlachtreif abgegeben werden können. Bei diesen schematischen Berechnungen kann es sich naturgemäß nur um Anhaltspunkte dafür handeln, wie das Herdenmanagement gestaltet werden sollte. Selbstverständlich kann man auch einen Teil der Absatzferkel aus einem Wurf verkaufen und nur den Rest ausmästen.

In jedem Fall haben wir mit diesem Schema rein rechnerisch – bezogen auf die Zahl, die unterschiedliche Größe und den damit verbundenen Platzanspruch der Tiere – eine optimale und gleichzeitig maximale Belegung, die im Grunde kein Umstellen und keine Bildung „künstlicher" Gruppen erfordert, was immer zu Unruhe und damit auch zu entsprechenden Leistungsverlusten führt. Die Einplanung einer kurzen Leerphase von ein bis zwei Tagen nach einer Generalsäuberung eines Areals ist bei gutem Management möglich und der Hygiene förderlich.

Die in der Zeichnung (Seite 91) abgebildete Situation zeigt den Fall, in dem eine der Muttersauen in einer der von ihr auserkorenen Endbuchten abgeferkelt hat, während die andere Muttersau mit ihren inzwischen zu Masttieren herangewachsenen Nachkommen die anderen beiden Buchten belegt. Der Stall ist so eingerichtet, dass bei Bedarf die Buchten mit Wühlareal in Teilbereiche abgetrennt werden können, etwa während der ersten Woche, in der eine Sau Ferkel führt.

In der Bucht, die die Sau sich als Kinderstube gewählt hat, wird im Übrigen an der Außenwand eine Ferkelkiste installiert und ein Teil des Stallareals in der Tiefe der Ferkelkiste mit einem Schlupfgitter abgetrennt, sodass die Ferkel einen eigenen kleinen Auslaufbereich haben,

Info
Der besondere Reiz der Haltung von Schweinen im Familienverband liegt darin, dass wir alle Facetten in einem System erleben können.

in dem sie auch gesondert ihre Futterration bekommen. Ansonsten sind die Buchten frei zugänglich, sodass die Tiere lange Wegstrecken zurücklegen können.

Mast ohne eigene Ferkel

Diese Art der Schweinehaltung mit eigener Zucht, Aufzucht und Mast erfordert ein hohes Maß an Aufmerksamkeit, gutem Management und Zeit. Wer nur Tiere mästen will, hat es wesentlich einfacher, indem er Absatzferkel oder Läufer aufkauft und entsprechend ausmästet. Entsprechend den vorhandenen Futterplätzen können in jeder Bucht 6 bis 8 erwachsene Tiere je nach Ausmästungsgewicht gehalten werden. Es bleibt hier noch anzumerken, dass wir bei der angegebenen Tierzahl bezogen auf die Stallfläche und die Fressplatzbreite in jedem Fall unter den Höchstzahlen liegen, die die Schweinehaltungsverordnung vorschreibt. Dies erscheint uns für den Hobbyhalter selbstverständlich, da sein Hauptanliegen eine artgerechte Tierhaltung ist. Wir sind jedoch überzeugt, dass sich die positive Überschreitung der Mindestnormen für Stallmaße auch unter langfristigen ökonomischen Gesichtspunkten durch die gesundheitsfördernde und -stabilisierende Wirkung eines reichlicher bemessenen und vielgestaltigeren Lebensraumes auszahlen wird.

Variationen möglich

Der in diesem Kapitel ausführlich dargestellte Vorschlag für den Bau eines Schweinestalles ist als Grundraster gedacht, das je nach örtlichen Gegebenheiten entsprechend den Neigungen des künftigen Schweinehalters hinsichtlich Stallgröße, Tierbestand und Haltungsform wie ausschließlich Zucht, Zucht und Mast oder ausschließlich Mast, variiert werden kann. Orientiert man sich an diesem Grundraster, wird man immer eine tiergerechte und tragfähige Lösung finden können. Auch die Nutzung vorhandener Gebäude kann dabei mit Fantasie und relativ wenig Aufwand gute Möglichkeiten bieten. Gleiches gilt für die Freilandhaltung.

Als Grundsatz sollte jedoch gelten, entsprechend den sozialen Bedürfnissen des Herdentieres Schwein mindestens zwei Mastschweine oder eine Muttersau und Nachzucht zu halten. Wenn wir eine Schweinehaltung planen, müssen wir uns also genau überlegen, welche Haltungsform wir anstreben und unter welchem Blickwinkel (Hobbyhaltung, Selbstversorgung, Vermarktung) wir sie betreiben wollen.

Gut zu wissen

Je variabler wir die Nutzungsmöglichkeit unserer Stallbereiche konzipieren, desto flexibler können wir auf veränderte Anforderungen wie Tierschutz oder Tierhygiene reagieren.

Das Schwein und sein Futter

Das Futter stellt im Haltungssystem für Schweine mit etwa zwei Drittel der Gesamthaltungskosten in der Kostenbilanz einen wesentlichen Faktor dar, zum anderen ist der wirtschaftliche Erfolg entscheidend von der Futterqualität und der Fütterungstechnik abhängig. Dies erstaunt den unbefangenen Laien umso mehr, als gemeinhin die Ansicht verbreitet ist, man könne einem Schwein, das wie der Mensch zur Gruppe der Allesfresser (Omnivoren) gezählt wird, alles nur erdenklich Fressbare vorwerfen, dann würde es schon prächtig wachsen und gedeihen.

Das große Missverständnis

Diese weitverbreitete Ansicht wurde beiden Autoren besonders deutlich anlässlich eines Besuches bei einem Schweinehalter, der in der Lokalzeitung durch ein besonderes Vermarktungssystem, das sogenannte Schweine-Leasing, auf sich aufmerksam machte. In aller Ausführlichkeit und mit großem Überschwang wurde darüber in der Presse berichtet, die nichts Anstößiges daran fand, dass die lieben Tierchen, die bis zur Schlachtreife gegen einen erklecklichen Geldbetrag geleast (gemietet) und dort untergebracht werden konnten, bis zum Tage ihrer Bestimmung in einem dunklen, feuchten, schlecht belüfteten Stall mit knöcheltiefem Mist und stinkender Jauche gehalten und zu einem großen Teil mit Brotabfällen gefüttert wurden, die sich halb verschimmelt auf einem großen Haufen türmten. Dieser kleine Exkurs mag die öffentlich verbreitete, sprich landläufige Meinung über den Futteranspruch dieser Tiergattung exemplarisch verdeutlichen – armes Schwein.

Nahrungsansprüche ähnlich denen des Menschen

Doch nun zur Sache selbst, dem Futter und der Fütterung. Das Schwein ist im Vergleich zum Rind hinsichtlich der Verdaulichkeit des Futters wesentlich anspruchsvoller und konkurriert darüber hinaus zu einem großen Teil mit den Nahrungsansprüchen des Menschen.

Das liegt daran, dass sein Verdauungsapparat ähnlich dem des Menschen wesentlich einfacher gebaut ist als etwa der der Wiederkäuer und dadurch rohfaserreiche Nahrung wie Heu und Stroh kaum verwerten kann. Aber auch die ihm zuträglichen Nahrungsstoffe pflanzlicher und tierischer Herkunft werden nur unvollkommen genutzt. Sie werden im Maul des Schweines zerkleinert und eingespeichelt, um die aufgenommenen Nahrungsstoffe schluckfähig zu machen. Diese werden ohne Umwege in die einfach gebaute Magenhöhle transportiert und dort schichtweise übereinander gelagert. Dabei fasst bei einem ausgewachsenen Tier mittelgroßen Typs der Magen etwa 7 bis 8 Liter.

Getreideschrot ist ein konzentrierter Energiespender und eine Delikatesse obendrein.

Im Gegensatz zum Rind hat das Schwein durch sein einfaches, direktes Verdauungssystem weniger Helfer in Form von Bakterien (wie die Pansenbakterien beim Rind), die ihm rohfaserreiche Futtermittel in einem ersten Schritt bakteriell aufschließen, das heißt die Barrieren zu den wertvolleren Inhaltsstoffen aufbrechen. Bei der Umsetzung der Nahrung ist es vor allem auf die Enzyme angewiesen, die in seinen Verdauungssäften enthalten sind, und daher hat es große Schwierigkeiten, rohfaserreiche Nahrung in Energie und Wachstum umzusetzen.

Die Futtermittel

Um den Wert der einzelnen Futtermittel verstehen und beurteilen zu können, wollen wir uns kurz vor Augen führen, wie ihr Nährstoffgehalt zusammengesetzt ist und auf welche Bestandteile bei Schweinen besonderer Wert zu legen ist.

Grundbestandteile

Die Grundkomponenten eines Futtermittels bestehen aus Trockensubstanz und Wasser. Dabei kann der Wasseranteil etwa bei Kartoffeln und Rüben sehr hoch sein.

Konzentrieren wir uns weiter auf die Zusammensetzung der Trockensubstanz und ihrer wertbestimmenden Teile, so zerfällt diese grob in:
- Eiweißstoffe
- Kohlenhydrate (Zucker, Stärke)
- Fette, Öle
- Rohfaser
- Salze, Mineralstoffe
- Vitamine

Zu beachten ist, dass das Mengenverhältnis dieser Nährstoffe in den einzelnen Futtermitteln sehr unterschiedlich ist, sodass es angeraten erscheint, eine einseitige Fütterung zu vermeiden. Denn nur mit einer vollwertigen Futterration ist der erhoffte Erfolg zu erzielen und kann darüber hinaus Mangelerkrankungen vorgebeugt werden. Und schließlich ist zu berücksichtigen, dass die Zusammensetzung des Futters sich auch danach richten muss, ob wir Ferkel aufziehen, Mast oder Zucht betreiben.

> **Info**
> *Grundlegend für eine erfolgreiche Zucht und Mast ist die sorgfältige Auswahl und Zusammenstellung der Futterkomponenten.*

Eiweiß

Bei wachsenden Tieren, säugenden Sauen und bei Masttieren ist beispielsweise die stickstoffhaltige Trockensubstanz, insbesondere das Eiweiß, von herausragender Bedeutung. Nur über eiweißreiche Futtermittel kann die Bildung von Muskelmasse, die Blutbildung und die Milchbildung erreicht werden.

Kohlenhydrate

Die stickstofffreie Trockensubstanz und hier vor allem die Kohlenhydrate dienen als Energieträger vornehmlich zur Fettproduktion und als Erhaltungsfutter.

Fette und Öle

Sie sind Geschmacksträger und fördern bei wachsenden Tieren die Futteraufnahme und Verdauung.

Rohfaser

Die Rohfaser ist für das Schwein wichtig als Ballaststoff, um das Sättigungsgefühl hervorzurufen und zur Verdauungsregelung. Allerdings kann nur Rohfaser von jungem Grün einigermaßen günstig verwertet werden, wenn es direkt von der Weide aufgenommen oder frisch gehäckselt verabreicht wird. In diesen Fällen kann man eine Verwertung von nahezu 50 % erreichen.

Saftiges Grünfutter auf der Weide ist ideal für unsere Zuchtsauen.

Mineralstoffe und Spurenelemente

Mineralstoffe sind besonders wichtig zum Körperaufbau und für die Stoffwechselprozesse des Körpers. Zu nennen sind hier besonders Kalzium, Phosphor, Natrium und Magnesium. Darüber hinaus sind die sogenannten Spurenelemente wichtig, wie Eisen, Mangan, Kupfer und Zink.

Vitamine

Schließlich sind auch von besonderer Bedeutung die Vitamine der Komplexe A für Wachstum, Abwehrkraft und Fruchtbarkeit sowie D zur Regulierung des Mineralstoffhaushalts und B für die Körperentwicklung und den Stoffwechsel.

Bewertung des Nährstoffgehalts

Der Energiegehalt des Futters wird seit 1987 nach der umsetzbaren Energie (ME) bewertet und in Megajoule (MJ) gemessen. Dabei versteht man unter umsetzbarer Energie den energetischen Teil des Futters, der von der zugeführten Bruttoenergie nach Abzug von Kot, Harn und Gärgasen übrig bleibt.

Um den Anteil der wichtigsten Nährstoffe noch deutlicher zu machen und eine bessere Differenzierung zu ermöglichen, wird in sogenannten Futterwerttabellen zusätzlich der Gehalt an Eiweiß, in diesem Fall Rohprotein beziehungsweise verdauliches Rohprotein, und auch der Gehalt der besonders hochwertigen Proteinkomponente Lysin angegeben. Diesen Nährstoff, eine sogenannte essenzielle Aminosäure, können die Tiere nicht selbst aufbauen, brauchen ihn aber als Grundbaustein für Körperfunktion und Wachstum.

Die richtige Mischung

Bei der Futtermittelzusammenstellung ein optimales Verhältnis zu finden dürfte für den Laien wie auch für den praktischen Landwirt, der in der Schweinehaltung seine Existenz hat, außerordentlich schwierig sein. Daher gibt es nur zwei Möglichkeiten, dieses Problem in den Griff zu bekommen. Entweder man füttert Fertigfuttermischungen (Industriefutter) mit einem genau ausgeklügelten Komponentenverhältnis auf Getreidebasis oder man verabreicht den Tieren sehr vielseitige wirtschaftseigene Futtermittel und bietet ihnen möglichst zusätzlich einen Auslauf oder Weidegang.

Auf das Eiweiß kommt es an

Um eines wird man kaum herumkommen, nämlich einen gewissen Anteil an hochwertigen Eiweißfuttermitteln zuzufüttern; daher zu dieser wertgebenden Nährstoffkomponente noch eine Anmerkung. Zum einen ist von Bedeutung, dass das Eiweiß (Protein), das in der wissenschaftlichen Tierernährung in verdaulichem Rohprotein gemessen und bewertet wird, sich durch keinen anderen Nährstoff ersetzen lässt. Darüber hinaus ist wichtig zu wissen, dass Eiweiß nicht gleich Eiweiß ist, sondern dieser Nährstoff je nach Struktur der Eiweißbausteine eine unterschiedliche biologische Wertigkeit aufweist (siehe auch Kapitel Gutes vom Schwein).

Dabei sind Eiweißfuttermittel tierischer Herkunft denen pflanzlichen Ursprungs in der Regel überlegen. Allerdings sind die bislang verwendeten Tiermehle einschließlich der hochwertigen Komponente Fischmehl heute nicht mehr als Futtermittel zugelassen. Dadurch sind nur noch Nebenprodukte aus der Milchwirtschaft als tierische Proteinkomponenten verwendbar (beispielsweise Molke und Trockenmilchprodukte). Doch nun konkret zu den einzelnen Futtermitteln, die in der Schweinehaltung eine wichtige Rolle spielen.

Körnerfrüchte

Darunter fallen vor allem die Getreidearten wie Gerste, Hafer, Weizen, Roggen, Triticale und in diesem Fall auch Mais, aber auch die Samen von Leguminosen wie Ackerbohne, Futtererbse und Süßlupine. Während die Getreidearten und hier insbesondere die Futtergerste hochwertige Energielieferanten sind und vom Schwein gut verwertet werden, müssen die genannten Hülsenfrüchte nahezu den gesamten Eiweißbedarf decken.

- **Gerste** stellt heute das klassische Futtermittel in der Schweinezucht und -mast dar, gefolgt von Mais und Hafer.
- **Roggen** ist nur bis zu einem gewissen Grad verwertbar, weil er wegen seines Gehalts an Bitterstoffen nur in begrenzten Mengen vom Schwein akzeptiert wird.

Gut zu wissen

Alle genannten Getreidearten werden in der Regel in geschrotetem Zustand und zumeist in Form eines dicken Breies verfüttert. Hafer wird jungen Tieren allerdings auch oft in Körnerform angeboten.

- **Weizen** ist eigentlich auch sehr gut geeignet, doch besteht hier eine echte Konkurrenz zum Direktverzehr beim Menschen. Daher wird heute statt Weizen sehr häufig die Getreideart Triticale, die aus einer Kreuzung zwischen Weizen und Roggen erzüchtet wurde, mit großem Erfolg verwendet.
- Der **Mais** ist vor allem Mastfuttermittel, sollte jedoch möglichst nicht mehr am Ende der Mastperiode verfüttert werden, da sonst der Speck zu weich wird.
- **Hafer** stellt ein sehr bekömmliches Futtermittel für Zuchttiere dar, er fördert darüber hinaus bei der führenden Sau die Milchbildung und soll geröstet bei Verdauungsstörungen (Durchfall) als diätetisches Heilmittel wirken.

Kompaktfuttermittel

Insgesamt gilt, dass wir das Getreide wegen seines hohen Gesamtnährstoffgehalts (GN) zu den Kompaktfuttermitteln zählen können. Das heißt, es hat, bezogen auf sein Gesamtgewicht, einen besonders hohen Nährwert. Damit gekoppelt sind seine gute Handhabbarkeit und Lagerfähigkeit; alles Dinge, die ein Futtermittel für den Schweinehalter sehr angenehm machen. Sein Nachteil ist sein relativ hoher Preis und die zum Teil direkte Konkurrenz für die Ernährung des Menschen.

Futtermehle

Etwas anders verhält es sich hinsichtlich der Nahrungskonkurrenz jedoch mit dem sogenannten Ausputz beim Getreide und den Mühlennachprodukten, wie Futtermehlen und Kleie. Der Ausputz, der bei der „Reinigung" des Verkaufsgetreides anfällt, wird wie normales Getreide geschrotet und verfüttert. Zu achten ist jedoch darauf, dass er möglichst kein giftiges Mutterkorn enthält.

Um die Wende vom 19. zum 20. Jahrhundert setzte man dem Schweinefutter (Kartoffeln, Rüben, Küchen- und Gartenabfälle) auch gewisse Teile an Druschabfall (Kaff) zu, weil dieser leicht verfügbar war und bei den Tieren durch den hohen Rohfasergehalt ein gewisses Sättigungsgefühl bewirkte. Doch abgesehen davon, dass der Nährwert dieses Zusatzes relativ gering ist, fällt er heute „dank" der modernen Erntetechnik mit dem Mähdrescher nicht mehr als Nebenprodukt an.

Längst hat das Schwein entdeckt, dass sich im Futtereimer leckeres Getreideschrot befindet.

Von den Mühlennachprodukten sind Futtermehle durchaus für die Mast verwertbar, während Kleie mit ihrem relativ hohen Rohfaseranteil und insgesamt geringen Gesamtnährwert als Mastfutter nicht sonderlich zu empfehlen ist. Andererseits ist Kleie in Futterrationen mit reduziertem Energiegehalt durchaus sinnvoll verwendbar, um das Sättigungsgefühl zu fördern.

Eiweißfuttermittel pflanzlicher Herkunft

Gut zu wissen

Bei der Ernte und Trocknung der Samen muss man große Sorgfalt walten lassen, da sonst die Fruchtschale oder das Eiweiß selbst (bei zu hohen Trocknungstemperaturen) geschädigt werden kann.

Auf pflanzliche Importfuttermittel, die der Deckung des Eiweißbedarfs dienen können, wie Sojamehl, wollen wir hier aus naheliegenden Gründen nicht näher eingehen. Es gibt auch einheimische Hülsenfrüchte, die vor allem wegen ihres hohen Gehaltes an Eiweiß gerne in die Futterration einbezogen werden. Sie sind ebenfalls gute Energielieferanten. Zwar steht ihr Eiweiß dem der tierischen Eiweißträger in der biologischen Wertigkeit nach, doch sind sie vom Kosten-Nutzen-Verhältnis her durchaus als attraktive Ersatz- oder Ergänzungsfuttermittel zum überwiegend verwendeten Sojaschrot anzusehen. Gemessen an ihrem Futterwert für die Eiweißversorgung kann man folgende Reihenfolge aufstellen: Süßlupine – Ackerbohne (Saubohne) – Futtererbse – Wicke.

Die getrockneten Hülsenfrüchte werden geschrotet und dem Basisfutter beigemischt. Ihr Anteil an der Ration kann nur langsam gesteigert werden, da die Tiere sich zuerst an Geruch und Geschmack gewöhnen müssen.

Bei den Praktikern der naturgemäßen Viehwirtschaft werden diese heimischen Futtermittel wieder entdeckt; vor allem in bestimmten alternativen Bewirtschaftungsformen, die die Verwendung importierter Eiweißfuttermittel ablehnen, wurden diese Eiweißträger für die Schweinefütterung unverzichtbar.

Bei geschickter Zusammenstellung der Futterration kann man die notwendige Ergänzung an Eiweißfuttermitteln durch die genannten Hülsenfrüchte erreichen. Allerdings müssen dann in gewissen Maß Mineralstoffe und Vitaminen zugesetzt werden; vor allem bei reiner Stallhaltung.

Bierhefe, Ölkuchen, Extraktionsschrote

Nicht unerwähnt bleiben soll an dieser Stelle die Bierhefe als Eiweißfuttermittel mit sehr hoher biologischer Wertigkeit und einem hohen Gehalt an Vitamin B. Da sie jedoch sehr teuer ist, wird man sich auf kleine Mengen beschränken müssen.

Auch verschiedene Restprodukte aus der industriellen Verarbeitung von ölhaltigen Samen (zum Beispiel Raps) werden als Ölkuchen oder Extraktionsschrote zu den eiweißhaltigen Futtermitteln pflanzlicher Herkunft gezählt, die zum Teil auch diätetische Wirkung haben.

Ihr Eiweiß hat zwar keine so große biologische Wertigkeit wie das der Bierhefe, doch eignen sie sich als preiswerte Komponenten zur Deckung des Eiweißbedarfs in der Ernährung unserer Schweine ebenfalls gut.

Eiweißfuttermittel tierischer Herkunft

Hierzu zählen Fischmehl, Tiermehle und Milchprodukte. Die Fischmehle fallen vor allem bei der Verarbeitung von Dorsch und Hering an. Sie enthalten neben ihrem hohen Eiweißanteil mit hoher biologischer Wertigkeit vor allem auch einen maßgeblichen Anteil an Mineralstoffen (Kalzium, Phosphor) und Vitaminen (Komplexe A und D).

Nicht mehr als Futtermittel zugelassen sind die Tiermehle (Fleisch-, Blut-, Knochenmehl), von denen besonders das Fleisch- und das Blutmehl von ihrem Eiweißanteil her den Fischmehlen gleichzustellen sind, während Knochenmehl vor allem einen hohen Mineralgehalt, speziell Phosphor, aufweist.

Die Produkte aus der Milchverarbeitung (Buttermilch, Magermilch, Molke, Trockenmilch) sind hervorragende Eiweißfuttermittel, doch nicht mehr so leicht verfügbar. Für unsere Zwecke dürften sich bei entsprechender Preiswürdigkeit vor allem Magermilch- und Molkepulver eignen, weil sie entsprechend leicht zu handhaben sind.

Darüber hinaus besteht auch die Möglichkeit, industriell gefertigte Eiweißkonzentrate und synthetisierte Aminosäuren zu verwenden. Darauf wollen wir hier jedoch nicht näher eingehen, da diese Futtermittel in der Regel in industriell gefertigten Fertigfuttermischungen Verwendung finden.

Gut zu wissen

Fischmehle sollten wegen ihres Einflusses auf die Fettqualität nur in begrenzten Mengen und möglichst nicht bis zum Mastende verabreicht werden. Außerdem ist Fischmehl nur noch mit einer behördlichen Sondergenehmigung als Futtermittel einsetzbar.

Hackfrüchte (Wurzel- und Knollenfrüchte)

Schon von jeher waren Kartoffeln und Rüben ein obligates Futter für die Schweine. Im Zuge der gewerblichen Intensivhaltung in großen Beständen und der Trennung von Zucht, Aufzucht und Mast wurden sie durch das Getreide stark verdrängt. Lediglich in der bäuerlichen Schweinehaltung und vor allem im Rahmen der naturgemäßen Viehwirtschaft erhalten sie ihre alte Bedeutung zurück.

Kartoffeln

Bei den Kartoffeln werden in der Schweinefütterung, insbesondere in der Mast, stärkereiche Sorten (16 %) bevorzugt, da sie um 40 % mehr Gesamtnährstoffe enthalten als die Aussortierungen der normalen Speisekartoffel mit einem Stärkeanteil von etwa 10 %. Je nach Fütterungsziel sind jedoch beide Typen erfolgreich einsetzbar.

Kartoffeln sollten immer gekocht oder gedämpft verfüttert werden. Dazu benötigt man einen großen Kessel, der in der Futterküche über einer geschlossenen Feuerstelle installiert ist. Diese Prozedur ist zwar

Gut zu wissen

Für unsere Zwecke eignen sich die Wurzel- und Knollenfrüchte ganz besonders, denn sie genügen den Ansprüchen für ein ausgewogenes Grundfutter und stellen in Kombination mit ausgewählten Eiweißfuttermitteln ein gesundes und kostengünstiges Mastfutter dar.

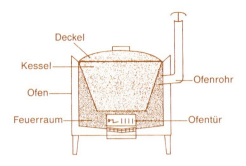

Schema für einen Garkessel zum Dämpfen von Kartoffeln und Gartenabfällen (Bruggepott).

Mit diesem einfachen Muser kann man sich das Zerkleinern von Rüben und anderem sehr erleichtern.

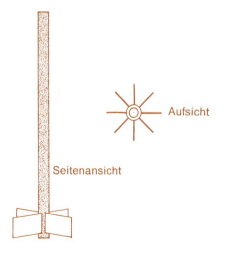

etwas aufwändig, jedoch nicht täglich erforderlich, da die gedämpften Kartoffeln einige Tage aufbewahrt werden können. Wichtig ist es, die Kartoffeln – wie andere Feldfrüchte auch – vor dem Dämpfen gründlich zu reinigen, um vorzeitiges Säuern zu vermeiden.

Die gedämpften Kartoffeln können im Übrigen hervorragend mit anderen Futtermitteln wie Rüben, Rübenblättern, gehäckseltem Grünfutter oder Küchenabfällen kombiniert werden. Ergänzt wird diese Ration um eine entsprechende Mischung aus Getreide- und Saubohnenschrot.

Rüben

Bei den Rüben verhält es sich hinsichtlich ihres Futterwertes ähnlich wie bei der Kartoffel. Die Futterzuckerrübe oder Gehaltsrübe hat einen höheren Futterwert als die einfache Runkelrübe oder die Kohlrübe. Die Rübe hat zwar einen geringeren Eiweißanteil als die Kartoffel, doch besitzt sie eine extrem hohe Verdaulichkeit und gilt gleichzeitig als Grünfutter des Winters. Zudem wird sie vom Schwein sehr gern gefressen, sodass sich die Futteraufnahme bei einer Mischung mit Kartoffeln entsprechend erhöhen kann.

Rüben werden üblicherweise nicht gedämpft, sondern roh zerkleinert oder sogar gemust verfüttert. Dazu eignet sich gut ein Gerät, das man in Süddeutschland für die Zerkleinerung von Kernobst zur Herstellung von Brennmaische verwendet. Es besteht aus einem mittellangen Holzstiel, an dessen unterem Ende in horizontaler Ebene mehrere Metallklingen angebracht sind, mit deren Hilfe man das zuvor grob zerkleinerte Rübenfleisch weiter zermusen kann.

Viel einfacher und für den Betreiber weniger anstrengend sind spezielle Schnitzelmaschinen, die ähnlich einer Nussmühle arbeiten, wie sie früher im Haushalt verwendet wurde. Ein solches Gerät kann man mit eigener Muskelkraft über eine Handkurbel antreiben, aber auch elektrisch. Auch hier ist darauf zu achten, dass die Rüben zuvor gut gesäubert werden und dass angefaulte oder angefrorene Stücke aussortiert werden.

Zu den Wurzelfrüchten zählt natürlich auch die Gelbe Rübe oder Möhre. Wenn man günstig an „Abfallfrüchte" kommt etwa aus der Gärtnerei oder vom Großmarkt, sollte man herzhaft zugreifen. Insbesondere für die Ferkelaufzucht und als Vitaminspender im Winter ist dieses Futtermittel überaus wertvoll. Futterrüben und Möhren haben den Vorteil, dass sie gut lagerfähig sind – entweder draußen in einer „Strohmiete" oder in einem frostfreien Keller.

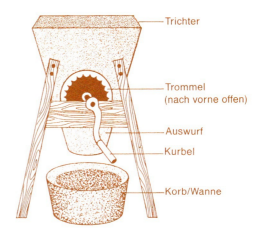

Sehr komfortabel geht das Zerkleinern von Wurzel- und Knollenfrüchten mit dieser Schnitzelmaschine von der Hand.

Küchenabfälle

Schon von alters her war es üblich, Schweine mit Abfällen aus Küche und Garten zu füttern. Diese Tradition können wir auch heute in gewissem Umfang fortsetzen, solange wir einerseits im Auge behalten, welche hohen Ansprüche das Schwein an sein Futter hat und andererseits die heute geltenden strengen hygienischen Bestimmungen für die Verwertung von Speiseresten beachten. Denn aus seuchenhygienischer Sicht ist die Verfütterung von Speiseresten, die tierische Bestandteile enthalten, nicht mehr statthaft.

Andere Speisereste müssen in jedem Fall zuvor erhitzt werden und selbstverständlich in einem einwandfreien Zustand, also weder angeschimmelt noch angesäuert sein; dann bekommt dem Schwein sicherlich auch das, was wir selber uns zubereitet haben.

Rohe Gemüseabfälle sollten am besten zusammen mit den Kartoffeln gedämpft werden. An Brotresten sollte jeweils nur soviel eingeweicht werden, wie direkt verfüttert werden soll. Zartes Grün wie Möhrenkraut, Kohlrabiblätter, geschossener Salat kann jederzeit frisch in der Grünfutterraufe oder im Auslauf am Boden gegeben werden, und damit sind wir bereits beim nächsten wichtigen und hochbekömmlichen Futtermittel.

Gut zu wissen

Es ist darauf zu achten, dass zerkleinerte oder gemuste Rüben immer frisch verfüttert werden, denn sie säuern leicht. Um die Tiere zu beschäftigen und ihnen Abwechslung zu bieten, kann man auch hin und wieder ganze Rüben in ihre Bucht werfen.

Grünfutter

Eine ideale Ergänzung zu den Hackfrüchten ist das Grünfutter, das in gewissen Grenzen sogar einen Teil des Eiweißbedarfs abdecken kann, wenn es jung geschnitten oder abgeweidet wird und möglichst arm an Rohfaser und blattreich ist. Zu diesen wertvollen und von den Tieren sehr begehrten Pflanzenarten zählen vor allem Klee, Kleegras, Luzerne, Erbsengemenge, Serradella und Süßlupine.

Der besondere Wert des Grünfutters liegt neben seinem zum Teil beachtlichen Gehalt an energetischen Nährstoffen vor allem an Mineralstoffen und Spurenelementen, seinem günstigen Mineralstoff-Verhältnis sowie Vitaminen. All dies, gepaart mit der Einwirkung von Licht, Luft und viel Bewegung beim Weidegang, ergibt eigentlich ein

Ein Angebot, das das Schwein nicht ablehnen kann. Trotzdem sollte es aber eine Ausnahme bleiben.

ideales Grundfutter für die Tiere, insbesondere für unsere wertvollen Zuchttiere.

Wo Weidegang nicht möglich ist, wird die Verfütterung von gehäckseltem Grünzeug im Auslauf zu einem probaten Ersatz. Und besonders bei ganzjähriger Stallhaltung sollte man zumindest während der Vegetationsperiode auf entsprechende Grünfuttergaben in besonderen Raufen nicht verzichten und im Winter Grünfuttersilage, gutes Heu oder Grünmehl zufüttern.

Auf den Weidegang und die Zusammensetzung des Pflanzenbestandes einer Schweineweide sind wir bereits im Kapitel über die Haltung eingegangen. Wollen wir im Auslauf oder im Stall Grünfutter zufüttern, so müssen wir es selbst erzeugen oder eine Möglichkeit haben, es regelmäßig – möglichst täglich – frisch zu beziehen, denn es ist leicht verderblich und auch die Nährstoffe kommen nur im frischen Zustand einwandfrei zur Geltung. Um den Futterwert richtig einschätzen zu können, sollten wir uns einige Eigenschaften einzelner, geeigneter Grünfutterpflanzen vor Augen führen:

- Die **Süßlupine** hat einen recht hohen Eiweißgehalt, wird von den Schweinen sehr gern aufgenommen und ist auf Sandböden recht ertragreich.
- Die **Luzerne** ist ebenfalls sehr eiweißreich und darüber hinaus dank ihres tief reichenden Wurzelwerks reich an Mineralstoffen. Es ist jedoch darauf zu achten, dass sie recht jung verfüttert wird, da sie schnell verholzt und damit der Rohfasergehalt ungebührlich zunimmt.
- **Rotklee.** Von den Kleearten ist der Rotklee im Futterbau besonders günstig zu bewerten, da er unter guten Boden- und Klimabedingungen sehr hohe Erträge bringt und gern gefressen wird.
- Die **Serradella** zählt zu den anspruchslosen Pflanzen, die auch auf leichten Sandböden recht gut gedeiht und auch als Untersaat bei Getreide erfolgreich eingesetzt werden kann.
- **Verschiedene Gemenge** der genannten Pflanzen, die alle zu den Leguminosen zählen, mit der Futtererbse sind hervorragend geeignet; ebenso Gemenge aus Wicken und Hafer oder Roggen.
- **Silagen.** Schließlich ist noch das Rübenblatt zu nennen, das jedoch nur zum Zeitpunkt der Rübenernte anfällt und dann in so großen

Voraussetzung für die Beweidung einer begrenzten Ackerfläche sind generell ein versetzbarer doppelter Zaun, eine Weidehütte als Schutz- und Schlafplatz sowie ein mobiles Wasserfass und ein Trog für eine eventuell notwendige Zufütterung.

Vor allem die Topinamburknollen sind für die Schweine ein solcher Leckerbissen, dass sie sie aus dem Ackerboden mit Wonne restlos ausgegraben. Damit ist für die Folgekultur ein sauberer Ackerboden sichergestellt.

Gut zu wissen

Insgesamt stellt Grünfutter in Verbindung mit Hackfrüchten wie Kartoffeln und Rüben eine ideale Nähr- und Wirkstoffkombination dar. Es kann damit eine Gesamtverdaulichkeit der Ration bis zu 80 % erreicht werden, wobei das Grünfutter neben seinem Eiweißgehalt auch den notwendigen Anteil an Rohfaser beisteuert, der bei reiner Hackfruchtfütterung unbedingt als Ergänzung erforderlich ist.

Mengen, dass es sich eher zur Herstellung von Silage eignet. Auch die genannten Leguminosen und junges Wiesengras eignen sich zur Herstellung von Silage, auch in verschiedenen Kombinationen, etwa mit gekochten Kartoffeln. Auf die Herstellung, Aufbewahrung und Verfütterung von Silage wollen wir hier jedoch nicht näher eingehen, da es sich hier um ein Konservierungs- und Fütterungsverfahren handelt, das einerseits hohe Investitionen erfordert und zum anderen auch wegen der Geruchsbelästigung und anderer Nachteile für die Umwelt Probleme mit sich bringen kann, denen wir als Hobbyhalter und Selbstversorger eher aus dem Wege gehen sollten.

- **Grünmehl.** Eine andere Möglichkeit für die Nutzung von Grünfutter in den Wintermonaten liegt in der Verwendung von Grünmehl, das durch schnelles Erhitzen des frischen oder angewelkten Schnittgutes und anschließendes Zerkleinern oder Mahlen hergestellt wird. Durch das schnelle Erhitzen bleibt ein hoher Anteil an Mineralstoffen und Vitaminen erhalten, insbesondere der hohe Vitamin-A-Gehalt ist hier hervorzuheben. Grünmehl ist leicht zu lagern und gut zu handhaben, allerdings sollte man beachten, dass der Vitamingehalt bei längerer Lagerung stark abnimmt.

Ackerfutter

Für die Sommermonate besteht auch die Möglichkeit, Ackerflächen mit Feldfrüchten zum direkten Verzehr für unsere Schweine als Weide gesondert einzuzäunen. Eine gut geeignete Kulturart wäre etwa Topinambur, da sowohl die oberirdischen Pflanzenteile als auch die Knollen sehr nahrhaft sind. Durch die intensive Wühltätigkeit der Schweine ist für die Folgekultur ein sauberer Ackerboden sichergestellt.

Die Fütterungstechnik

Der Zucht- und Masterfolg hängt neben der Auswahl der geeigneten Futtermittel insbesondere von ihrer Kombination und von der Fütterungstechnik ab. Während die Futtermittelkombination einen entscheidenden Einfluss auf die Verwertbarkeit durch das Schwein hat, beeinflusst die Fütterungstechnik auch vor allem den Zeitaufwand und die Arbeitsintensität des Betreuers. Beides will sorgfältig gegeneinander abgewogen sein, um ein optimales Ergebnis zu erreichen.

Zu beachten ist ferner, dass tragende Sauen, säugende Sauen, Ferkel, Läufer und Mastschweine sehr unterschiedliche Futteransprüche haben, sodass es allgemein üblich ist, die genannten Kategorien getrennt zu halten und entsprechend ihren Ansprüchen zu füttern.

Damit taucht bei der in diesem Buch empfohlenen Haltungsform, der Familiengruppe, ein Problem auf, das nach einem Kompromiss in der Fütterungstechnik und in der Zusammenstellung der Futterration verlangt.

Wenn wir weiter davon ausgehen, dass wir unsere Tiere nicht nur leistungsgerecht, sondern auch möglichst artgerecht mit Futter versorgen wollen, müssen wir zwangsläufig gewisse Einbußen vor allem hinsichtlich der Gewichtsentwicklung bis zum marktfähigen Schlachtgewicht in Kauf nehmen. Wie jedoch im Kapitel über die Haltung bereits erwähnt, hoffen wir, diese Nachteile durch Langlebigkeit und höhere Fruchtbarkeit der Sauen sowie durch eine allgemein gute Konstitution aller Tiere (geringe Tierarzt- und Arzneimittelkosten) wieder ausgleichen zu können.

Gehen wir schließlich noch davon aus, dass wir überwiegend Futtermittel einsetzen wollen, die zur Resteverwertung anstehen oder jedenfalls keine Konkurrenz zur Nahrung des Menschen darstellen, schränkt sich die Auswahl schon etwas ein und konzentriert sich im Wesentlichen auf Wirtschaftsfuttermittel wie Hackfrüchte, Hülsenfrüchte, Futtergetreide, Grünfutter, ergänzende Mengen an verschiedenen Eiweißträgern sowie Anteile an Mineralstoffen und Vitaminen.

Futterrationen für die Familiengruppe

Bei der Familiengruppenhaltung können wir fütterungstechnisch lediglich die säugende Sau und die Ferkel für eine gewisse Zeit getrennt von der übrigen Gruppe halten und füttern, ansonsten bekommen alle Tiere die gleiche Futterration angeboten. Bei Weidehaltung wird die Sache noch schwieriger. Lediglich für die Ferkel kann man durch den Einsatz eines einfachen Ferkelschlupfes eine gesonderte Ration anbieten.

Die Fütterung der Familiengruppe (ohne Ferkel führende bzw. säugende Sauen) kann auf der Basis von Hackfrüchten wie in nachstehender Tabelle aussehen.

Tiergewicht (kg)	Hackfrüchte (kg)		Kraftfutter (kg)	
	Kartoffeln	Rüben	Getreide	Hülsenfrüchte
30	1,0	1,5	0,85	0,15
60	2,0	3,5	0,75	0,25
90	4,0	4,0	0,70	0,30
110	6,0	2,5	0,65	0,35

Tagesration für die Familiengruppe

Die in der Tabelle genannten Werte sind als Faustzahlen zu verstehen, an denen man bei der Familiengruppenhaltung den ungefähren Mengenbedarf für die Gruppe beziehungsweise Herde abschätzen kann. Grundsätzlich kann man davon ausgehen, dass die Tiere das gemeinsam angebotene Futter entsprechend ihrem Alter anteilmäßig aufnehmen; das heißt, dass die jungen Tiere eher gesättigt sein werden als die älteren Schweine. Das Beispiel zeigt eine typische Futterration für den Winter. Im Sommer kann man zum Beispiel die Rüben durch Grünfutter ersetzen.

Generell für den Erfolg ist jedoch wichtig, dass wir unsere Tiere ständig beobachten, um die Gewichtsentwicklung unter Kontrolle zu haben. Dazu sollten wir einige Referenztiere aussuchen und diese regelmäßig wiegen. Bei zweimaliger Fütterung täglich sollten die Tiere in 15 bis 20 Minuten ihre Ration verzehrt haben. Bleiben nach dieser Zeit noch Reste, ist die Ration zurückzunehmen und im anderen Fall entsprechend zu erhöhen.

Die besonders in den Wintermonaten auftretende Notwendigkeit einer zusätzlichen Mineralstoff- und Vitaminversorgung, die im Sommer durch Grünfutter und Weidegang weitgehend gedeckt ist, kann durch Grünmehl, gemuste Karotten und Trockenhefe abgedeckt werden. Als zusätzliches Ballastfutter empfiehlt sich gutes Luzerne- oder Kleeheu, das wir in die Grünfutterraufen geben, was auch einen zusätzlichen Beschäftigungseffekt für die Tiere mit sich bringt.

In der Regel verfüttern wir Kartoffeln, Rüben und Getreide- sowie Hülsenfruchtschrot als breiiges Gemisch in der Weise, dass zunächst die Kartoffeln mit den Rüben zusammengemengt und dann die Schrote beigegeben werden. Das Grünfutter und das Heu werden jeweils extra in entsprechenden Raufen gegeben.

Die Darreichung der Futtermittel:
- *Kartoffeln: gewaschen und gedämpft*
- *Rüben: gesäubert und zerkleinert oder gemust; gelegentlich auch ganz zur Beschäftigung*
- *Getreide: geschrotet; Hafer auch ganz als Bodenfutter*
- *Hülsenfrüchte: geschrotet; zum Teil auch ganz zur Beschäftigung*
- *Grünfutter: gehäckselt oder gemust; junger Klee und Serradella auch ganz*
- *Heu: gehäckselt; wenn es nicht zu lang ist, auch ganz zur Beschäftigung*

Futterrationen für Sauen

Wegen des besonderen Futteranspruchs der säugenden (laktierenden) Sau und ihrer Ferkel sei hier auf einige Besonderheiten hingewiesen, die zu beachten sind. Zunächst wollen wir uns mit der Sau beschäftigen. Wir müssen wissen, dass eine Sau je nach der Phase des sogenannten Sauenzyklus, in dem sie sich gerade befindet (leer, niedertragend, hochtragend, säugend) sehr unterschiedliche Futteransprüche hat. Der auffälligste Unterschied tritt zum Zeitpunkt nach der

Gleichzeitig genießen – Muttermilch für die Kleinen, Molke für die Mama.

Geburt auf, wenn die Sau nicht nur sich, sondern auch noch zehn Ferkel zu „versorgen" hat. Von dann an benötigt die Muttersau etwa das Doppelte an Energie und verdaulichem Eiweiß sowie etwa ein Drittel zusätzliche Mineralstoffe und Vitamine. Dies zu erreichen ist nicht möglich, wenn wir einfach das Grundfutter entsprechend erhöhen, denn die Sau kann diese Mengen nicht aufnehmen.

Daher müssen wir ihr gezielt entsprechende Gaben an Kraftfutter verabreichen und das Grundfutter zurücknehmen oder zunächst ganz weglassen.

Wichtig ist, dass wir die Sau unabhängig von den anderen Gruppenmitgliedern füttern können, was in unserem Stallsystem problemlos möglich ist. Kurz vor dem Abferkeltermin wird sich die Sau ohnehin etwas absondern und sich eine Bucht aussuchen, in der sie beginnt, ein Nest zu bauen. Dabei müssen wir in unserem Stallsystem darauf achten, dass sie sich eine der beiden äußeren Buchten aussucht, weil wir die mittlere nicht sinnvoll abtrennen können. Im Zweifel sollten wir bei der Auswahl sanft nachhelfen.

Sobald die Wahl getroffen ist, werden wir die Bucht einschließlich des Mistganges abtrennen und die Sau vor der Geburt nur noch verhalten füttern, aber gut mit Wasser versorgen. Nach dem Abferkeln werden wir sie im Laufe der ersten Woche nach und nach auf die volle Kraftfutterration bringen, die von ihrem Eigengewicht und der Zahl der Ferkel abhängt.

Dabei erhält eine 170 kg schwere Muttersau (Durchschnitt) etwa 1 % ihres Eigengewichtes und dazuhin 0,4–0,5 kg je Ferkel an Kraftfutter (Alleinfutter für säugende Sauen), also 3–7 kg täglich ohne Zusatz

Gut zu wissen

Generell ist wichtig, dass die Umstellung auf andere Futterrationen immer gleitend und nie abrupt geschieht, da sonst Verdauungsstörungen und Unruhe in der Herde vorprogrammiert sind.

> **Futterration für eine Sau mit 10 Ferkeln**
> - Gerste 2,0 kg
> - Hafer 2,0 kg
> - Saubohnen 1,5 kg
> - Bierhefe (getrocknet) 0,3 kg
> - Mineralfutter 0,2 kg
> - Gesamt 6,0 kg
>
> dazu 2,0 kg Grünfutter (Klee, Luzerne) im Sommer oder 0,5 kg Grünmehl und etwas Luzerneheu im Winter

an Grundfutter. Als Beispiel für eine selbst hergestellte Futterration wäre etwa die folgende Zusammensetzung möglich.

Nach und nach, wenn die Ferkel vor dem Absetzen sind, wird ein Teil des Kraftfutters wieder durch Grundfutter ersetzt. Dabei kann 1 kg Kraftfutter mittleren Gehalts ausgetauscht werden durch:

- 3–5 kg Kartoffeln
- 6–8 kg Weide- oder Kleegras oder
- 4–6 kg Rüben (Gehaltsrüben)

Zu beachten ist hier natürlich, dass nicht die gesamten 6 kg Kraftfutter zu ersetzen sind, sondern lediglich der Anteil, der auf die Sau selbst entfällt. Am Ende erhält die Sau wieder die gleiche Futterration wie die übrigen Mitglieder der Familiengruppe, während die Ferkel noch eine Weile extra zugefüttert werden (Futterautomat mit Ferkelschlupf).

Futter für die Ferkelaufzucht

Die Sauenmilch ist naturgemäß das ideale Ferkelfutter für die ersten drei Wochen. Insbesondere die anfänglich fließende Kolostralmilch (Kolostrum) enthält Wirkstoffe, die für das Leben der Ferkel von großer Bedeutung sind. Darunter fallen Spurenelemente, fettlösliche Vitamine und Antikörper, die für das Immunsystem der Neugeborenen überlebensnotwendig sind.

Zusammensetzung von Sauenmilch

je in %	Kolostralmilch (Geburt)	Sauenmilch (5. Woche)
Trockensubstanz	26	20
Eiweiß	15–17	5–7
Milchzucker	3–4	4–6
Asche	1	1

Zu Beginn der zweiten Woche sollten wir den jungen Tieren zur Deckung des Eisen- und sonstigen Mineralstoffbedarfs etwas Rasenerde oder die beim Säubern der Rüben anfallende Erde in die Bucht geben. Sie wühlen darin, fressen davon und nehmen so ganz natürlich fehlende Mineralien und Spurenelemente auf. Alternativ kann man Eisenpräparate verabreichen oder spritzen.

Zusätzlich reichen wir ihnen frisches Wasser, da sie einen sehr hohen Flüssigkeitsbedarf haben, der manchmal nicht ganz durch die Muttermilch gedeckt werden kann. Etwa in der 3. Woche beginnen die Ferkel, sich für anderes Futter zu interessieren, da die Milchleistung der Muttersau langsam nachlässt und gleichzeitig der Appetit der Youngsters immer größer wird.

Milchleistung

Laktationsleistung (8 Wochen)	250–300 kg
Durchschnittliche Tagesleistung	5 kg (–12 kg)
Leistungshöhepunkt	Ende der 2. Wo.
Milchleistung pro Ferkel und Mahlzeit	20–30 g
Saugrhythmus • bis zur 5. Woche • ab der 5. Woche	 stündlich alle 1,5 Stunden
Säugezeit	jeweils 4–5 Minuten

Zu unterscheiden ist das Ferkelaufzuchtfutter von dem sogenannten Ferkelstarter, der dann eingesetzt wird, wenn es gilt, die Ferkel möglichst früh abzusetzen. Da wir die Ferkel jedoch nicht künstlich absetzen (in der Regel nach 6 Wochen), sondern den Vorgang der Entwöhnung sich selbst überlassen, sollten wir das Ferkelaufzuchtfutter weiter gesondert in einem Futterautomaten, getrennt durch ein Ferkelschlupfgitter, anbieten.

Gewichtsentwicklung bei Ferkeln

Zeitpunkt bzw. Alter	Gewicht
Geburt	1,3–1,5 kg
1. Woche	2,5–3,0 kg
3. Woche	ca. 5 kg
4. Woche	7,0–8,0 kg
8. Woche	15,0–20,0 kg
24. Woche (6 Monate)	ca. 100 kg

Läufer

Von der 9. Woche an, wenn sich das natürliche Entwöhnen vollzogen hat, gelten die Absatzferkel als Läufer, bekommen aber weiterhin noch sehr nährstoffreiches Futter zugeteilt. Gleichzeitig kommen sie jedoch schon durch Freigabe der Bucht für die anderen Tiere und damit Eingliederung in die Familiengruppe immer stärker in Kontakt mit den Grund- und Wirtschaftsfuttermitteln und finden mehr und mehr Geschmack daran. Im Laufe der 10. bis 12. Woche werden sie schließlich von dem Ferkelaufzuchtfutter entwöhnt.

Die Herstellung des Ferkelaufzuchtfutters gestaltet sich etwas schwierig und aufwändig. Es empfiehlt sich daher, in diesem Fall auf entsprechendes Fertigfutter auszuweichen. Wenn man Gewissheit haben will, dass keine treibenden Zusatzstoffe enthalten sind, sollte man sich zuvor

Gut zu wissen

Bei den ausgewählten Zuchtläufern ist größter Wert auf eine optimale Fütterung zu legen, denn sie sind die Basis vieler weiterer leistungsfähiger Schweinegenerationen.

Gut zu wissen

Weil der kleine Ferkelmagen noch nicht voll ausgebildet ist, muss das Ferkelfutter eine sehr hohe Verdaulichkeit besitzen und darf nur wenig Rohfaser enthalten.

beim Hersteller oder der zuständigen Landwirtschaftsbehörde genau erkundigen. Ansonsten gilt besonders bei jungen Tieren, dass Futterumstellungen nur langsam erfolgen dürfen. In dem von uns favorisierten Stall- und Haltungssystem ist diese Maxime leicht zu verwirklichen.

Fütterungsstrategie

Insgesamt sollten wir uns anhand der erläuterten Ansprüche des Schweines an sein Futter und der Beispiele für die Zusammenstellung einer Futterration selbst eine Fütterungsstrategie zurechtlegen. Ob sie Erfolg hat, werden wir durch Beobachtung und Erfahrung feststellen können. Bald schon werden wir einen Blick dafür bekommen, ob sich die Tiere kontinuierlich entwickeln und das Gruppenklima ausgeglichen ist.

Faustregel sollte dabei sein:
- **Zuchttiere** verhalten füttern und viel Bewegung an Luft und Licht (möglichst Weidegang) verschaffen
- **Masttiere** langsam aufbauen und mit einem möglichst großen Anteil an Wirtschafts-(Grund-)Futter ausmästen
- **ferkelführende (säugende) Sauen** extra mit hochverdaulichem eiweißreichen Futter versorgen
- **Ferkel** vorsichtig und mit speziell auf ihre Bedürfnisse abgestimmtem Aufzuchtfutter versorgen und ebenfalls viel Bewegung (im Sommer auch Weide), Licht und Luft anbieten

Die Wasserversorgung

Zum Schluss dieses Kapitels noch ein Wort zur Wasserversorgung. Der Bedarf ist zum einen abhängig von den jahreszeitlichen Temperaturschwankungen und der Fütterungstechnik, zum anderen vom Alter und bei der Sau schließlich vom Stadium (Zyklus), in dem sie sich befindet.

Am besten tränkt man die Tiere im sauber geputzten Trog vor dem Füttern. Viel besser ist es jedoch, Selbsttränken oder Nippeltränken zu installieren. Dadurch haben die Tiere zu jeder Zeit Zugang zum Wasser und wir wesentlich weniger Aufwand. Am besten erfolgt die Installierung der Selbst- oder Nippeltränken im Mistgang, weil dadurch verhindert wird, dass überschüssiges Wasser die Einstreu durchnässt.

In der Offenstallhaltung ist darüber hinaus dafür zu sorgen, dass die Zuleitungen und Tränken im Winter nicht einfrieren können. Welche technischen Vorkehrungen dazu getroffen werden müssen, hängt weitgehend von den örtlichen Gegebenheiten ab. Sicher kann ein Flaschnermeister hier einen guten Rat geben oder eine fachgerechte Installation vornehmen.

Als Wasserbedarf rechnet man im Durchschnitt
- 10–12 Liter Wasser täglich für niedertragende Zuchtsauen
- 20–30 Liter für säugende Sauen und
- 6–8 Liter für Masttiere
- der Bedarf des Zuchtebers liegt bei etwa 12–15 Liter

Die Vermehrung des Hausschweins

Eigentlich könnten wir es uns in diesem Kapitel sehr einfach machen und sagen, die Vermehrung des Hausschweines funktioniert sehr gut auch ohne unser Zutun, denn wenn wir natürlich zusammengesetzte Schweineherden in großen Freigehegen betrachten, läuft der biologische Vermehrungsrhythmus so reibungslos ab wie in einer Wildschweinrotte.

Überhaupt zeigen Schweine in Freilandhaltung sehr rasch und ausgeprägt die ihnen angeborenen Verhaltensweisen ihrer wilden Artgenossen. Auch die von uns im ersten Kapitel erwähnten frei lebenden Hausschweine in den waldreichen Mittelgebirgslagen der Insel Korsika scheinen keine Vermehrungsprobleme zu kennen. Die Herdenmitglieder aller Altersstufen zeigen keinerlei Aggressionen und machen einen gesunden und wohlgenährten, um nicht zu sagen „glücklichen" Eindruck.

Hier im Schweinekindergarten fühle ich mich sauwohl.

Auf die Haltung kommt es an

Probleme mit der Nachzucht treten offenbar immer dann auf, wenn der Mensch in den natürlichen biologischen Vermehrungszyklus eingreift, um die Tiere für sich optimal in den Produktionsprozess einplanen zu können. Gerade am Beispiel der Vermehrung wird deutlich, dass sich biologischer Prozess und Produktionsprozess im Sinne der von uns angestrebten tiergerechten Haltung nur

Einige Daten zur Fortpflanzung

Geschlechtsreife	
• bei der Sau	5–8 Monate
• beim Eber	4–7 Monate
Zuchtreife	
• bei der Sau	7–8 Monate
• beim Eber	6–8 Monate
Brunstzyklus	21 Tage (± 3)
Dauer der Vorbrunst	2 Tage
Dauer der Hauptbrunst	2–3 Tage
Dauer der Nachbrunst	1–2 Tage
Eisprung	ca. 24–48 Stunden nach Beginn der Hauptbrunst
Decktermin	12–30 Stunden nach Beginn der Hauptbrunst
Ejakulatmenge	250 ml (150–300)
Lebensfähigkeit der Eizellen	4–10 Stunden
Lebensfähigkeit der Spermien	12–24 Stunden
Trächtigkeitsdauer	113–116 Tage oder 3 Monate + 3 Wochen + 3 Tage
Wurfgröße	9–16 Ferkel

Info

In jedem Fall sollten wir uns mit der Fortpflanzungsbiologie vertraut machen, gleichgültig ob unkontrollierte oder zielgerichtete Vermehrung unser Anliegen ist.

fruchtbar miteinander verbinden lassen, wenn man versucht, den biologischen Prozess so weit wie möglich in den Produktionsprozess (Haltungsverfahren) zu integrieren, und nicht einfach den Produktionsprozess unter arbeitswirtschaftlichen und allgemein betriebswirtschaftlichen Aspekten optimiert mit der Maxime, dass sich gefälligst die Biologie der Ökonomie unterzuordnen habe.

Nur wenn wir die natürlichen biologischen Abläufe bei der Vermehrung kennen, können wir auch die Bedürfnisse der Tiere einschätzen und ein tiergerechtes und ökonomisch tragfähiges Vermehrungssystem entwickeln. Daher wollen wir an dieser Stelle zunächst die natürlichen Abläufe beschreiben, wie sie in der Freilandhaltung beobachtet werden.

Natürliche Vermehrung in der Freilandhaltung

In der Freilandhaltung, bei der eine komplette Herde sich in einem mehr oder weniger naturgemäßen Habitat eines begrenzten Raumes tummelt, haben wir keinerlei Einfluss auf den Zeitpunkt des Deckaktes und die Zahl der belegten Sauen; das heißt, wir können in der Regel

Sozialkontakte zwischen Muttersau und Ferkel sind in der Freilandhaltung jederzeit ungehindert möglich.

davon ausgehen, dass alle geschlechtsreifen Sauen vom Eber gedeckt werden (natürliche Brunstsynchronisation). Der Deckakt vollzieht sich auch ohne unsere Aufsicht – im natürlichen Sprung, wie er im Abschnitt über das Paarungsverhalten beschrieben wird.

Interessant und erwähnenswert ist das Verhalten der Sau kurze Zeit vor und nach der Geburt der Ferkel. Bei Versuchen mit Hausschweinen in großen Freigehegen wurde dabei das gleiche Verhalten beobachtet wie bei der Wildschweinbache. Sie beginnt einige Zeit vor der Geburt aus Grasbüscheln, Zweigen, Laub, Moos und Erde an einer gut geschützten Stelle ein Nest zu bauen, indem sie zuerst das Grobmaterial kunstvoll aufschichtet und dann das Nest mit dem genannten Feinmaterial auspolstert. Dabei zerkaut sie Laub, Gras, Moos und Erde und vermischt es mit ihrem Speichel. Kommen nun die frisch geborenen Ferkel mit dieser eingespeichelten Nestpolsterung in Berührung, so mag dies den gleichen Effekt haben wie das Trockenlecken der Kuh bei ihrem Kalb, es bildet sich dabei eine bakterielle Schutzschicht um die winzigen Frischlinge.

Wichtig ist auch, dass die Ferkel reichlich von der ersten Milch der Muttersau bekommen, die das gegen Infektionen hochwirksame Kolostrum enthält, das einerseits die ohne Antikörper geborenen Tierchen schützt und andererseits das Immunsystem der Neugeborenen aufbaut.

Temperaturanpassung

Einige Zeit nach der Geburt kann man bei den kleinen Ferkeln ein Zittern beobachten, das daher rührt, dass die Körpertemperatur stark absinkt. Dieses sogenannte Kältezittern bringt den Organismus wieder in Schwung und reguliert die Anpassung an die neue Umwelt. Jetzt ist es wichtig, dass alle im Nest zusammenrücken und sich gegenseitig wärmen. Bei den Freilandversuchen wurde festgestellt, dass die kleinen Schweine sogar erhebliche Minusgrade ohne größere Beeinträchtigung überstehen, solange es sich um trockene Kälte handelt. In jedem Fall wird durch die Notwendigkeit der Temperaturanpassung und indem die jungen Tiere auch den kleinen Unbilden der Witterung ausgesetzt sind, die Widerstandsfähigkeit erheblich gestärkt.

Ferkelgruppe

Gut eine Woche lang halten sich die Frischlinge in dem warmen, geschützten Nest auf, bevor sie sich mit der Mutter in die nähere Umgebung wagen und schließlich wieder Anschluss an die übrige Herde suchen. Dabei bilden sich innerhalb der Herde wiederum kleinere Untergruppen, das heißt, mehrere Sauen schließen sich mit ihren Ferkeln zu einer „Krabbelgruppe" zusammen. Wenn die Ferkel selbstständiger werden, interessiert sich der Eber bereits wieder für das noch säugende Muttertier und deckt dieses bereits wieder in der vierten oder fünften Woche nach dem Abferkeln. Von diesem Zeitpunkt an wird die Bindung zwischen Mutter und Kindern immer lockerer, schließlich versiegt nach etwa 12 Wochen der Milchfluss.

Schwäbisch-Hällische Muttersau mit hungrigem Nachwuchs.

Anpassung an das Futterangebot

An dem Zeitpunkt der Geschlechtsreife der Jungtiere kann man die hohe Anpassungsfähigkeit und gleichzeitig das enorme Leistungspotenzial von Schweinen ablesen. Während die Jungtiere in normalen Jahren, in denen kein übermäßiges Futterangebot besteht, erst nach etwa 15 Monaten die volle Geschlechtsreife erlangen, geschieht dies in Jahren einer guten Eichel- und Buchenmast, wenn die Bäume massenhaft Früchte tragen, bereits nach 6 bis 8 Monaten. Dazu kommt, dass das Schwein eines der wenigen großen Säuger ist, die ähnlich große Wurfzahlen aufweisen wie Kleinsäuger (Mäuse und Kaninchen). Kein Wunder also, dass dieses wunderbare Nutztier in manchen Massenhaltungssystemen immer wieder durch allerlei Manipulationen zur Fleischgebärmaschine degradiert wird.

Artgerechte Vermehrung im Stall

Nachdem festgestellt wurde, dass in reich strukturierten Stallbuchten ein ähnliches Verhalten zu beobachten ist wie im Freiland, haben die Autoren dieses Buches sich für ein Haltungssystem entschieden, das prägnante Raumelemente aufweist, wie sie Tiere zum Ausleben ihrer natürlichen Verhaltensweisen benötigen. Tatsächlich ist zu beobachten, dass die im Stall gehaltene Muttersau kurz vor ihrer Niederkunft ebenfalls beginnt, an einem geschützten Ort ein Nest zu bauen. Dazu müssen wir ihr einen dreiseitig geschützten Platz zur Verfügung stellen und reichlich Langstroh für den Nestbau.

Wissenschaftliche Versuche haben gezeigt, dass alle üblichen Vorsichtsmaßnahmen – wie an den Wänden befestigte Abweisstangen gegen das Erdrücken der Ferkel oder spezielle Sauenbügel, die das Muttertier aus demselben Grund an einem Platz fixieren sollen – eigentlich entbehrlich sind, wenn das Muttertier durch die Möglichkeit, sein Nestbauverhalten zu befriedigen, richtig eingestimmt ist.

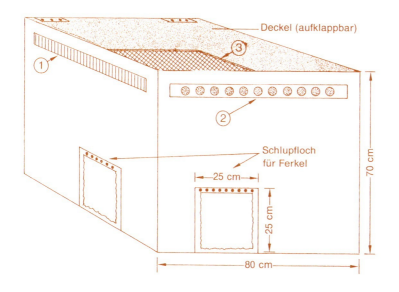

Schema für den Bau einer Ferkelkiste mit drei alternativen Lösungen für die Lüftung.

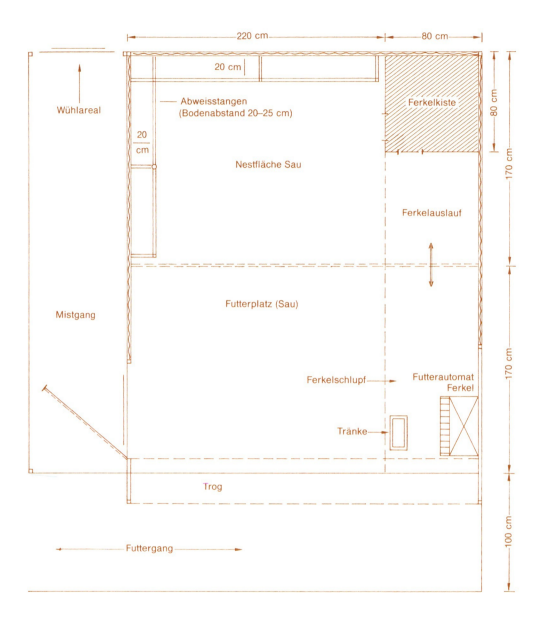

Beispiel eines Abferkel- und Aufzuchtareals für Muttersau und Ferkel.

Dann wird es zunächst das Stroh mit seiner Rüsselscheibe durchpflügen, um die Lage der Ferkel zu erkunden und sodann mit größter Vorsicht beim Abliegen zu Werke gehen, um keines zu verletzen oder gar zu erdrücken. Doch auch bei größter Vorsicht der Muttersau ist diese Gefahr nie ganz auszuschließen. Insgesamt jedoch, so wurde festgestellt, ist die Zahl der letztlich aufgezogenen Ferkel gleich hoch, ja zum Teil höher als bei den technisch aufwändigen Systemen.

Stellt man dazu noch die höheren Kosten für eine „moderne" Abferkelbucht in Rechnung, so scheint unser System zumindest für kleinere Einheiten unter ökonomischen Aspekten durchaus konkurrenzfähig. In einer reinen Hobbyhaltung, bei der die Arbeitsstunden nicht als Kosten berechnet werden, gibt es zu diesem natürlichen System wohl keine ernsthafte Alternative.

Vor allem, wenn der Stall als Kaltstall ausgeführt ist, sollte man für die kleinen Ferkel einen Zufluchtsort in Form einer sogenannten Ferkelkiste vorsehen, in der sie eng zusammengekuschelt entsprechend ihrem höheren Wärmebedürfnis sich selbst ihr eigenes Mikroklima erzeugen können. Die Ferkelkiste wird ebenfalls gut mit Stroh eingestreut, hat einen Deckel und zwei seitliche Öffnungen, eine zur Muttersau hin, die gerne zu ihren Jungen hereinschauen und innigen Kontakt halten möchte, und eine zum von der Muttersau abgesperrten Stallteil hin, in dem sich die Tränke und der Futterautomat für die Ferkel befinden.

Privatsphäre für die junge Familie

Zumindest in der ersten Woche sollten Sau und Ferkel von der übrigen Familiengruppe getrennt sein. Dabei hat in unserem Stallsystem die Sau jederzeit Zugang zu einem gesonderten Mistgang und einem abgetrennten Wühlareal. Die Ferkel werden sich diese Stallareale mit zunehmendem Alter ebenfalls Stück für Stück erobern, bis sie schließlich in die Familiengruppe integriert werden und alle Tiere wieder zur gesamten Stallfläche Zutritt haben.

Am besten ist es, die Aufzucht der Ferkel allein der Muttersau zu überlassen und weder bei der Geburt noch sonst über Gebühr regelnd einzugreifen. Wenn man alle Rahmenbedingungen so erfüllt, dass optimale Bedingungen für Sau und Ferkel bestehen, kann man eigentlich nur alles genau beobachten, registrieren und hoffen, dass die Natur selbst alles regelt. Erst mit der Zeit gewinnt man die nötige Erfahrung und kann hier und da sinnvoll helfend eingreifen.

Gut zu wissen

Sicherlich ist es ratsam, wenn man Unregelmäßigkeiten, etwa Durchfall, bei den Ferkeln bemerkt, sofort den Tierarzt zu konsultieren oder den Tierarzt generell auf das Ereignis des bevorstehenden Wurfes hinzuweisen und mit ihm abzusprechen, dass er im Notfall schnell erreichbar ist.

Die Geburt

Die Geburt erfolgt gewöhnlich zwischen dem 112. und 115. Tag der Trächtigkeit und kündigt sich deutlich durch verschiedene Veränderungen am Muttertier an. So beobachten wir am Tag zuvor, dass das Gesäuge anschwillt, die Schamlippen sich röten und die Zitzen schon tröpfchenweise Milch zeigen. Wenige Stunden zuvor wird die Sau unruhig und beginnt mit dem Nestbau.

Schließlich, wenn die Wehen einsetzen, begibt sie sich in Seitenlage und presst die Ferkel in Abständen von 15 bis 20 Minuten heraus. Dabei gibt es keine Ideallage der Neugeborenen wie etwa bei Pferd und

Mmhh lecker – diese Quelle gebe ich nicht mehr her.

Rind. Sie purzeln vielmehr Kopf oder Hinterteil voraus ins Stroh und versuchen, sich alsbald von den Geburtshäuten zu befreien, wobei auch die Nabelschnur reißt. Etwa eine Stunde nach der Geburt des letzten Ferkels kommt die Nachgeburt, die von der Muttersau verzehrt wird.

Alsbald werden die Ferkel versuchen, die Milchquelle zu erreichen. Die stärkeren Tiere erobern sich dabei regelmäßig die vorderen Zitzen, die theoretisch zwar die gleiche Milchmenge geben wie die übrigen, aber praktisch wegen der stärkeren Massage doch einen erhöhten Ausstoß haben.

Kleine und schwache Ferkel sollte man behutsam anlegen, da die erste Milch zur Kräftigung und wegen der Aufnahme der Kolostral- oder Biestmilch mit ihrem hohen Anteil an Schutzstoffen (Immunglobulin) gerade für die schwachen Tiere überlebenswichtig ist.

Die Auswahl der Zuchttiere

Die Wahl der Tiere, die wir für eine Weitervermehrung verwenden wollen, hängt von verschiedenen Kriterien ab. Da sind einmal die subjektiv geprägten Faktoren, wie die Frage, ob man professionell züchten will, ob eigene Gebrauchskreuzungen für die weitere Mast angestrebt werden oder ob ganz einfach aus Neugierde und aus Freude an den jungen Ferkeln der Schweinebestand vergrößert werden soll. Dem gegenüber stehen die objektiven Faktoren für die Wahl der Elterntiere, wie Gesundheit, Widerstandsfähigkeit, hohe Fruchtbarkeit, gute Mast- und Schlachtleistung, aber auch, bei Reinzucht, der einheitliche Typ in äußerer Form und Färbung.

Die Frage, wie die obengenannten subjektiven Faktoren einzuordnen sind, muss jeder für sich beantworten. Die Beantwortung der Frage nach den objektiven Faktoren ergibt sich dagegen aus genauer Beobachtung der Tiere, aus den Fachkenntnissen, die sich der Schweinehalter über bestimmte Rassen erworben hat, und schließlich aus langjähriger Erfahrung. Daher ist es ratsam, zu Beginn einer „Karriere" als Schweinehalter oder -züchter den erfahrenen Beistand eines Praktikers zu suchen.

Gut zu wissen

- Gesund sind Tiere, die ein lebhaftes, doch ausgeglichenes Wesen an den Tag legen, über einen guten Appetit verfügen und eine normale Atemfrequenz aufweisen. Sie haben ein klares Auge, entsprechend der der Rasse typischen Behaarung glatte, glänzende Borsten, eine feste, reine Haut und – ähnlich der Schnauze eines Hundes – einen feuchtkühlen Rüssel. Die Exkremente und der Urin sollten in Farbe und Konsistenz etwa denen eines gesunden Menschen entsprechen.
- Demgegenüber erkennen wir kranke Tiere daran, dass sie teilnahmslos in einer Ecke liegen oder sitzen, stumpfe Haut und glanzlose Borsten besitzen sowie trübe wässerige Augen haben und möglicherweise von Durchfall geplagt sind. Weiterhin sind sie erkennbar an Hustenanfällen, erhöhter Temperatur, Nasenausfluss, Hautausschlägen und Fressunlust. Auch die Haltungsbedingungen sollten einer kritischen Prüfung genügen.

Gesamteindruck

Das wichtigste Kriterium beim Schweinekauf und hier insbesondere bei der Auswahl der Elterntiere ist der positive Gesamteindruck in Bezug auf die Gesundheit und die Vitalität der Tiere.

Solche Merkmale kann eigentlich jeder Laie sofort feststellen. Schwieriger wird es bei der Beurteilung der Körperform und der Proportionen hinsichtlich der erwarteten Schlacht- und Fleischleistung sowie bei der Einschätzung des geeigneten Typs (= Gesamterschei-

Eine beeindruckende Femme fatale auf der Schweineweide.

nung) einer bestimmten Rasse. Diese Fähigkeit kann man sich nicht oder nur bedingt anlesen, man muss sie vielmehr am „Objekt" einüben und sich anfangs beraten lassen.

Die Grenzen der theoretischen Erlernbarkeit mögen folgende Standardsätze für die Schlachtbeurteilung verdeutlichen:
„Gefordert werden lange und wüchsige Tiere mit genügender Festigkeit."
„Gewünscht wird eine straffe Haut, ein nur mittelstarkes Fundament, ein nicht zu schwerer Kopf mit leichtem Ohr und wenig Backe."

Der unerfahrene Schweinehalter weiß damit wenig anzufangen und holt sich erfahrene Berater.

Generell gilt beim Kauf und bei der Auswahl von Zuchttieren: Keine Kompromisse eingehen und nichts aufschwatzen lassen, sondern vorher überlegen und die Tiere beobachten. Also: *„Augen auf beim Schweinekauf"*!

Züchtung und Züchtungsmethoden

> **Info**
> *Nutztierzüchtung ist eine der ältesten und größten Kulturleistungen der Menschheit und zur Grundlage für die Ernährung der rasant wachsenden Weltbevölkerung geworden.*

Von Züchtung (im Gegensatz zu Zucht beziehungsweise Haltung) spricht man allgemein, wenn man mit Hilfe einer geplanten und gesteuerten Fortpflanzung ein festgelegtes Ziel in der Ausprägung bestimmter Merkmale im Sinne der Festigung einer Rasse oder einer Leistungssteigerung erreichen will.

Um eine solche gezielte Fortpflanzung vornehmen zu können, müssen wir Kenntnisse über die Vererbung haben, das heißt die Weitergabe bestimmter Merkmale an die Nachkommen. Die Merkmale, die in den Erbanlagen (Genen) lokalisiert und in Form der Chromosomen im Zellkern paarig angelegt sind, vererben sich mit unterschiedlicher Ausprägung und Intensität. Daraus könnte man folgern, dass eine gezielte oder geplante Fortpflanzung nicht möglich ist. Doch lehrt uns die Züchtungsforschung etwas anderes. Sie hat nämlich herausgefunden, dass man für bestimmte Merkmale, die gemessen werden können, aufgrund entsprechender Prüfungen der Nachkommen den Erblichkeitsgrad bestimmen kann, die sogenannte Heritabilität.

Dabei bedeutet eine hohe Heritabilität schlicht und einfach, dass ein hoher Anteil an Erbanlagen für die Ausprägung eines bestimmten Merkmals an die Nachkommen weitergegeben wird (zum Beispiel Farbe), dieses Merkmal züchterisch also leichter beeinflussbar ist als ein Merkmal mit niedriger Heritabilität (zum Beispiel Fruchtbarkeit).

Kreuzungszucht

Nun hat die Züchtungsforschung diese Erkenntnis weiterentwickelt und sich die Tatsache zu Nutze gemacht, dass bei Anpaarung verschiedener Rassen unter Umständen ein Synergieeffekt in der Weise auftritt, dass man die überwiegend guten Eigenschaften beider Rassen in einer Kreuzung (Mischung) kombinieren kann.

Wenn sich über die Kombination dieser guten Eigenschaften im Sinne einer Ergänzung darüber hinaus auch noch eine Leistungssteigerung bestimmter guter Eigenschaften erreichen lässt, spricht man vom Heterosis-Effekt. Dieser Effekt ist jedoch nur in der Generation der Kreuzungstiere zu beobachten. Bei Anpaarung dieser Generation untereinander tritt er nicht mehr auf, allerdings kann er auch weiter verstärkt werden, wenn die Kreuzungstiere wiederum mit einer weiteren Rasse gekreuzt werden (Dreirassenkreuzung).

Wenn man einmal davon ausgeht, und das zeigt die Erfahrung, dass man mit dieser Methode der Kreuzungszucht auch Merkmale mit niedrigem Erblichkeitsgrad wirkungsvoll züchterisch variieren kann, so wird deutlich, wie einerseits die vielen verschiedenen Rassen entstehen konnten und warum sie hinsichtlich ihrer Leistungsmerkmale so unterschiedlich ausgeprägt sind. Dabei ist gerade das Schwein als eines der größeren Säuger mit einer ungewöhnlich großen Nachkommenschaft ein geeignetes Demonstrations- und Versuchsobjekt.

Erwünschte und unerwünschte Merkmale

Vor diesem Hintergrund wollen wir uns neben den reinen Leistungsmerkmalen noch einem ganz besonderen Merkmal zuwenden, das zunehmend Probleme bereitet, der Stressempfindlichkeit. Es handelt sich um ein unerwünschtes Merkmal, das in seiner Ausprägung einem sehr erwünschten Merkmal, nämlich der Fleischfülle, konträr entgegensteht. Das heißt, je stärker das eine Merkmal ausgeprägt ist, desto stärker zeigt sich auch das andere Merkmal.

Tests auf Stressanfälligkeit

Die Stressempfindlichkeit bei Schweinen lässt sich mit dem sogenannten Halothantest relativ eindeutig feststellen, indem man junge Tiere im Alter von 8 bis 10 Wochen unter Verwendung einer Maske dem Betäubungsgas Halothan in einer genau dosierten Konzentration aussetzt und beobachtet, ob die Tiere mit krampfartigen Erscheinungen reagieren oder davon unbeeindruckt bleiben.

Im ersten Fall spricht man von halothan-positiven, im anderen Fall von halothan-negativen Tieren. Die Stressempfindlichkeit der halothan-positiven Tiere äußert sich in ihrer geringeren körperlichen Belastbarkeit, die in aufregenden Situationen, etwa beim Transport, zum vorzeitigen Tod und damit auch zu wirtschaftlichen Verlusten führen kann. Die Qualität des Fleisches kann durch physiologische Veränderungen erhebliche Einbußen erleiden, wenn solche Tiere kurz vor der Schlachtung durch Viehtrieb, Transport und plötzlich veränderte Umgebung in starke Stresssituationen versetzt werden.

Gut zu wissen

Die Palette der züchterisch beeinflussbaren Merkmale ist breit. Sogar das Temperament unserer Tiere lässt sich züchterisch beeinflussen und in geeignete Bahnen lenken.

Auch bei der Piétrain-Rasse ermöglichen die modernen Testmethoden zur Stressanfälligkeit große Zuchtfortschritte.

Beipiel Piétrain

Ein Beispiel für einen relativ hohen Anteil stressanfälliger Tiere liefert die hochgezüchtete Rasse Piétrain, die andererseits für ihre außerordentliche Fleischfülle bekannt ist. Die Züchtung hat nun folgenden Weg gefunden, um dem Problem der Stressanfälligkeit zu begegnen. Sie kreuzt beispielsweise Piétrain-Vatertiere mit reinerbig halothannegativen Sauen. Aus dieser Kreuzung ergeben sich immer halothannegative Tiere, weil die Erbanlagen für die Stressunempfindlichkeit die für Stressempfindlichkeit überdeckt. Man spricht hier von einer dominanten Erbanlage.

Allerdings hat die Wissenschaft heute bereits sehr viel zuverlässigere Methoden auf gentechnologischer Basis zur Bestimmung der Stressanfälligkeit entwickelt, die statt des bislang bekannten Halothantests Eingang in die praktische Züchtungsarbeit gefunden haben; zum Beispiel der sogenannte PCR-Test (Polymerase-Ketten-Reaktion), bei dem ein winziges Gewebestück, eine Haarwurzel oder ein Blutstropfen ausreicht, um zuverlässig eine Diagnose zur Stressanfälligkeit des Tieres stellen zu können.

Wenn wir uns nun die Frage stellen, welchen Nutzen wir aus diesen Kenntnissen über die züchterische Gestaltung von Tieren für unsere Schweinehaltung ziehen können, so ist die Beantwortung dieser Frage vor allem davon abhängig, ob wir einfach nur aus Freude an der natürlichen Vermehrung die Nachzucht betreiben oder eine ernsthafte, zielorientierte Züchtung vor Augen haben.

Im ersten Fall sollten wir lediglich darauf achten, dass wir nur gesunde und stressunempfindliche Tiere zur Nachzucht verwenden. Für die Beurteilung des ersten Kriteriums halten wir uns an die Merkmale, die zuvor beschrieben wurden und an die Erfahrung, die wir durch den täglichen, intensiven Umgang mit unseren Schützlingen im Laufe der Zeit gewonnen haben.

Wenig stressanfällige Rassen wählen

Das Problem der Stressanfälligkeit können wir weitgehend dadurch ausschalten, dass wir die richtige Rasse beziehungsweise entsprechende Kreuzungen daraus für unsere kleine Schweinehaltung wählen. Zurückhaltung ist in diesem Falle geboten bei reinerbigen Tieren der Rasse Piétrain oder Landrasse B (Belgische Landrasse).

Kaum Probleme gibt es dagegen bei der Deutschen Landrasse oder dem (Deutschen) Edelschwein sowie den verschiedenen „alten" Landrassen, etwa beim Schwäbisch-Hällischen Schwein, beim Angler Sattelschwein, dem Schwarz-Weißen Bentheimer Schwein oder den amerikanischen Rassen Duroc oder Hampshire; auch nicht bei den für unsere Breiten etwas außergewöhnlichen Wollschweinen.

Wenn wir jedoch den Anspruch erheben, eine zielorientierte Züchtung aufzubauen, etwa als Herdbuchzüchter einer bestimmten Rasse, so gilt als Voraussetzung für den Erfolg ein hohes Maß an Engagement und züchterischer Erfahrung. Nähere Ausführungen hierzu würden weit über das Anliegen dieses Buches hinausgehen.

Sicherlich wäre es jedoch eine lobenswerte und unterstützungswürdige Sache, sollte sich ein Leser ermutigt fühlen, durch seine züchterischen Bemühungen zum Erhalt einer alten Schweinerasse beizutragen. Eines Tages könnte er seiner Lieblingsbeschäftigung frönen und gleichzeitig durch die Erhaltung oder den Wiederaufbau einer stark dezimierten Nutztierrasse einen sinnvollen kulturgeschichtlichen Beitrag leisten. Doch zuvor ist es für den Unerfahrenen sinnvoll, zunächst Rat bei einem erfahrenen Herdbuchzüchter zu suchen.

Info
Die Neigung zu Stressanfälligkeit bei den verschiedenen Rassen ist gut erforscht. Daher ist es möglich, diesem Problem schon durch die Auswahl der Rasse weitgehend entgegenzuwirken.

Der Eber

Zum Schluss dieses Kapitels noch ein Wort zur Rolle und Bedeutung des Ebers im Vermehrungsprozess. Ganz unabhängig von seiner Funktion als Samenspender kommt ihm eine besondere Bedeutung hinsichtlich des physiologisch erfolgreichen Ablaufs der Rausche (Brunst) und des Eisprungs zu. Man hat sich immer wieder gewundert, warum es ausgerechnet bei Schweinen im Gegensatz zu Rindern Probleme bei der künstlichen Besamung gibt, dass sich nämlich beim natürlichen

Gut zu wissen

Wichtig für den Schweinehalter und Züchter ist die dabei gewonnene Erkenntnis, dass die körperliche Anwesenheit des Ebers im Stall eine höhere Fortpflanzungsrate und eine höhere Ferkelzahl bewirkt als der „sterile" Eingriff des Tierarztes.

Sprung in der Regel höhere Trächtigkeitsraten und größere Ferkelzahlen erzielen lassen.

Inzwischen hat man den Grund dafür wissenschaftlich erforscht und dabei festgestellt, dass der Eber für die hormonale Steuerung der Brunst der Sau und des synchron dazu stattfindenden Eisprungs eine entscheidende Rolle spielt. Oder anders ausgedrückt, wenn die Sau keinen Kontakt zum Eber hat, ist damit zu rechnen, dass zwar die Symptome der Rausche auftreten, aber nicht gleichzeitig der Eisprung erfolgt, sodass trotz erfolgreicher Begattung in Form der künstlichen Besamung keine Befruchtung stattfindet.

Pheromone – der Duft macht's

Verantwortlich dafür ist nicht etwa der Anblick des prachtvollen Ebers, der die Sau in Fortpflanzungsstimmung bringt, sondern vielmehr sind es bestimmte Duftstoffe (Pheromone), die wie Sexuallockstoffe wirken und über die Nase der Sau einen komplizierten, von verschiedenen Hormonen wechselseitig gesteuerten Mechanismus auslösen, der unter anderem dafür sorgt, dass die Spermien durch Muskelkontraktionen der ein bis zu eineinhalb Meter langen Gebärmutter weiterbefördert werden, bis sie schließlich mit der reifen Eizelle zusammentreffen.

Aber nicht allein die Pheromone bewirken diesen komplizierten biochemischen Ablauf von Hormonen, auch in der Samenflüssigkeit des Ebers findet sich eine hohe Konzentration von – man staune – weiblichen Hormonen, die wiederum bestimmte Vermittlerstoffe (Prostaglandine) für das Funktionieren dieses komplexen Wirkungsgefüges freisetzen.

Das gesunde und das kranke Schwein

Generell haben sich die Aufgaben der Tiermedizin in der Schweinehaltung stark verlagert. Stand früher die Bekämpfung von Seuchen im Vordergrund, sind es heute sogenannte „Faktorenkrankheiten", deren Auftreten vorrangig durch nicht artgemäße Haltungsverfahren begünstigt wird. Das heißt, zunächst harmlose Erreger (Viren, Bakterien, Pilze) werden erst zum Problem, wenn die Widerstandsfähigkeit der Tiere durch ungünstige Haltungsbedingungen geschwächt ist.

Da sich solcherart erkrankte Tiere auch wegen der Ansteckungsgefahr langfristig kein Produktionsbetrieb leisten kann, wird prophylaktisch alles bekämpft, was theoretisch an Krankheiten in großen Beständen ausbrechen kann. Da dies wie auch die akute Therapie zumeist mit Antibiotika erfolgt, die Krankheitserreger selbst jedoch nach einer gewissen Zeit dagegen Resistenz

Der Zugang zu einer Suhle ist für Schweine ein besonderer Wellnessfaktor.

Gut zu wissen

Wir wollen den Begriff der Gesundheit so verstehen, dass wir auch das Wohlbefinden unserer Schützlinge in die Beurteilung mit einbeziehen, denn nur das Wohlbefinden garantiert auch langfristig einen stabilen Gesundheitszustand.

aufbauen, ergibt sich ein für alle an diesem Prozess Beteiligten schädlicher Kreislauf, den man nur durchbrechen kann, wenn man an den eigentlich bestimmenden Ursachen etwas zu verändern sucht.

Ähnliches gilt bei den zu beachtenden Hygienemaßnahmen. Doch auch dieses Problem führt wieder unmittelbar auf Fragen der Haltung und Fütterung zurück. Daraus wird deutlich, dass wir als Halter maßgeblichen Einfluss darauf haben, in welchem Maße der Tierarzt als Fachmann akut hinzugezogen werden muss. Doch um diese Situation erkennen und beurteilen zu können, müssen wir wissen, wie ein gesundes Schwein aussieht und wie es sich verhält.

Beurteilung der Tiergesundheit

Gesundheit eindeutig zu definieren ist äußerst schwierig und auch bei den bislang versuchten Ansätzen umstritten. Wir sollten uns für den hier behandelten Themenbereich auf die Formel einigen, dass wir unter Gesundheit einen Zustand des lebenden Organismus verstehen, der mit sich und der Umwelt in Einklang steht, oder – anders ausgedrückt – einen Zustand, bei dem die dem Tier eigenen physischen und psychischen Kräfte langfristig in der Lage sind, flexibel auf die verschiedenen Umwelteinflüsse zu reagieren, ohne Schaden zu nehmen.

Dies dürfte wohl verständlich sein, doch beginnt es an dem Punkt schwierig zu werden, wo wir diesen Zustand mit sicherem Urteil erfassen müssen. Allgemein anerkannt und von der Lebenserfahrung gestützt sind gewisse Merkmale, die wir an gesunden Tieren beobachten können.

Äußere Merkmale eines gesunden Tieres

Wir sollten also unsere Schweine immer genau anschauen und so weit möglich auch richtiggehend ansprechen. Sie werden sich uns dann auf die ihnen eigene Art mitteilen, wenn wir auf die folgenden Dinge besonders achten.

- **Die Haltung und der Gang** sollten fest und selbstbewusst sein. Insgesamt sollte das Tier einen frischen, aber nicht hektischen Eindruck machen und interessiert seiner Umwelt begegnen.
- **Das Auge** sollte uns klar und lebhaft anschauen. Schleimiger Ausfluss und gerötete Lider sind ein Alarmzeichen.
- **Das Haarkleid** sollte gleichmäßig verteilt sein und nicht stumpf wirken. Einzelne kahle Stellen dürften auf Parasitenbefall hinweisen. Wegen der Dichte und Färbung des Haarkleides ergibt erst ein Vergleich mit Tieren der gleichen Rasse ein ausgewogenes Urteil.
- **Die Haut** eines gesunden Tieres ist glatt, gut durchblutet (rosa) und geschmeidig. Sie sitzt fest am Körper und schmiegt sich sofort

Wer so quietschfidel daherkommt, kann nur gesund sein.

wieder an, wenn man sie mit Daumen und Zeigefinger ein wenig abgehoben hat.
- **Die Beurteilung des Ernährungszustandes** orientiert sich einmal am Gesamteindruck und zum anderen an bestimmten Körperpartien. Eingefallene Lenden, sichtbare Rippen und hervorstehende Hüftknochen zeugen von keinem guten Ernährungszustand. Ein gut genährtes Schwein hat ausgewogene Körperproportionen, vollfleischige Rippen, Lenden und Schinken und insgesamt eine harmonisch abgerundete Körperform.
- **Die Atmung** sollte in einem ruhigen, regelmäßigen Rhythmus erfolgen, die Atemfrequenz 8 bis 18 Atemzüge/Minute betragen. Röcheln, Husten oder Hecheln deuten auf Krankheiten hin.
- **Äußere Körpertemperatur.** Durch Abtasten der Körperoberfläche können wir grob feststellen, ob die äußere Körpertemperatur – ausgenommen an den meist kühleren Ohren und Füßen – an der Oberfläche in etwa gleich ist.
- **Die äußere Unversehrtheit** ist ebenfalls ein wichtiges Merkmal zur Beurteilung der Tiergesundheit. So ist zum Beispiel an einer abnormen Verdickung am Unterleib erkennbar, dass das Tier möglicherweise einen Bruch hat, oder am hinkenden Gang festzustellen, dass es lahm geht, oder an blutunterlaufenen Stellen abzulesen, dass es geschlagen oder getreten wurde und davon bleibende Schäden behalten könnte.

Die oben genannten Merkmale können wir beim ersten Kontakt mit dem Tier sofort beurteilen. Sie sind deshalb beim Kauf von Tieren von ausschlaggebender Bedeutung.

Merkmale bei der täglichen Betreuung

Weitere wichtige Beurteilungskriterien sind nur im Rahmen unserer täglichen Betreuung festzustellen.

- **Futteraufnahme.** Täglich wird uns ins Auge fallen, wie es mit der Futteraufnahme bestellt ist. Nicht umsonst spricht man bei allen Lebewesen von einem guten Appetit, womit auch das übrige Wohlbefinden in der Regel einhergeht. Ein gesundes Schwein ist hungrig zu den regelmäßig angebotenen Mahlzeiten und äußert dies lauthals und durch einen ausgeprägten Drang zum Futtertrog, den es in kurzer Zeit leert. Appetitlosigkeit ist ein Warnzeichen.
- **Kot und Harn.** Was wir in das Schwein hineinfüttern, muss auch irgendwann wieder heraus. Da die Ausscheidungen den Körper des Tieres durchwandern, sind Kot und Harn eines Tieres auch wichtige Anzeiger für die Gesundheit. Mistet das Tier regelmäßig und ohne erkennbare Beschwerden, weisen Kot und Harn keine verdächtigen Farbveränderungen oder blutige Elemente auf, können wir beruhigt sein.
- **Innere Körpertemperatur.** Haben wir irgendeinen Verdacht, dass etwas nicht in Ordnung sein könnte, sollten wir den Pulsschlag und die innere Körpertemperatur messen.

Den Pulsschlag stellen wir fest, indem wir an der Unterseite des Schwanzes, etwa 2 bis 4 Fingerbreit vom Schwanzansatz entfernt, die Schwanzarterie ertasten und die Pulsschläge je Minute zählen. Eine andere Möglichkeit, vor allem bei jungen Tieren, ist an der Innenseite des Hinterschenkels, wo eine gut fühlbare Arterie verläuft.

Die Körpertemperatur erfassen wir mit einem Fieberthermometer, indem wir es für mindestens drei Minuten in den After einführen; besser, weil einfacher zu handhaben, sind moderne Fieberthermometer, die an der Körperoberfläche die Temperatur exakt anzeigen. Als normal bei ruhenden Tieren sind Werte von 60 bis 80 Pulsschlägen pro Minute und eine Temperatur von 38–39,5 °C anzusehen. Bei abweichenden Werten sollte der Tierarzt zu Rate gezogen werden. Damit sind wir auch schon beim Thema Krankheit als Heilreaktion auf Umstände, die die Gesundheit beeinträchtigt haben.

Krankheiten und ihre Ursachen

Eine Krankheit entsteht, wenn der Organismus durch Umwelteinflüsse so geschädigt wird, dass sein Abwehrmechanismus in Gang gesetzt wird, um diese Schädigung zu „reparieren". Gelingt ihm dies nicht hinreichend aus eigener Kraft, so steht am Ende das Versagen des Organismus, der Tod. Auf technisch bedingte Ursachen können wir durch Stallbau, Haltung und Pflege direkt Einfluss nehmen. Bei Beach-

---

Gut zu wissen

Das Temperturregulationszentrum im Hypothalamus des Gehirns hält die innere Körpertemperatur möglichst konstant. Dabei wird durch physiologische Regelmechanismen oder Verhaltensänderungen der Sollwert jeweils dem Istwert angepasst.

tung aller Ratschläge aus den vorangegangenen Kapiteln können wir diese Risikogruppe als minimiert betrachten. Etwas näher eingehen wollen wir auf die Einflüsse von Parasiten und Erreger von Infektionskrankheiten.

Parasiten

Bei den Parasiten unterscheidet man Schmarotzer, die sich außen am Tier aufhalten (Ektoparasiten) und solche, die sich im Tier aufhalten und vermehren (Endoparasiten). Allen ist gemeinsam, dass sie sich von den Körpersäften des Wirtstieres ernähren und es dadurch schwächen.

Da sie im Laufe ihres Lebens – insbesondere die Endoparasiten, wie Rund- und Plattwürmer – im Rahmen verschiedener Stadien und Zyklen ihre Erscheinungsform (Wurm, Ei, Larve) und ihren Aufenthaltsort ändern, sind zum Teil nur einzelne Zyklen wirksam zu bekämpfen, der Parasit als solcher jedoch nur schwer völlig auszuschalten. Eine akute Bekämpfung und prophylaktische Maßnahmen sollte man mit dem Tierarzt besprechen beziehungsweise von diesem durchführen lassen. Dies betrifft ganz besonders die Endoparasiten.

Doch als Tierhalter können wir durch vorbeugendes Eingreifen das Einschleppen von Parasiten verhindern oder die Weiterverbreitung eindämmen.

Geeignete Maßnahmen dazu sind beispielsweise
- ständige Beobachtung und Untersuchung unserer Tiere
- Vorsicht beim Kauf neuer Tiere
- das Waschen zugekaufter Tiere
- die Haltung neuer Tiere in einer drei- bis vierwöchigen Quarantäne durch Abtrennung eines Stallareals
- das Waschen der Sau vor dem Einzug in den Geburtsstall
- die Durchführung stallhygienischer Maßnahmen

Infektionen

Bei Infektionen sind vor allem Bakterien und Viren im Spiel. Gegen diese Erreger hat die Tiermedizin ein ganzes Arsenal an wirksamen „Waffen" zur Verfügung; die bekannteste etwa gegen Bakterien ist das Antibiotikum.
Bakterien schädigen den Organismus durch ihre giftigen Stoffwechselprodukte (Toxine). Sie sind durch Ausscheidungen (z. B. Kot, Speichel)

Gründe (schädigende Umwelteinflüsse) für das Auftreten von Krankheit sind vornehmlich

- *Falsche Fütterung oder schlechtes Futter: nicht artgemäße Fütterungssysteme, ungeeignete Futtermittel, verdorbenes Futter*
- *Schlechtes Stallklima: Zugluft, Staub, zu hoher Ammoniakgehalt, zu hohe Luftfeuchtigkeit*
- *Ungünstige oder untaugliche Stallböden und Stalleinrichtungen: glatte Böden, zu wenig Einstreu, verletzungsträchtige Buchtengitter, scharfe Kanten und schlechte Betonspaltenböden*
- *Parasitenbefall: Zecken, Läuse, Würmer*
- *Infektionserreger: Bakterien, Pilze, Viren*

Gut zu wissen

Parasiten wirken vor allem schädlich auf die Tiere, indem sie sie in ihrer Konstitution und damit auch in ihrer Abwehrkraft gegen Infektionskrankheiten schwächen.

Die richtigen Bedingungen im Stall sowie bei Haltung und Versorgung spielen die Hauptrolle für die Gesundheit der Schweine.

des befallenen Tieres auf andere übertragbar und lösen dadurch seuchenartige Erkrankungen aus. Für das Schwein beispielhaft zu nennen wären hier der Rotlauf, die Tuberkulose und die Ferkelruhr (auch Ferkelruß).

Viren. Anders als die Bakterien schädigen Viren die Tiere nicht durch Gifte, sondern sie greifen direkt die Zellen an bzw. dringen in sie ein und zerstören sie. Auch sie bewirken vielfach seuchenartige Erkrankungen. Zu den bekanntesten gehören die Maul- und Klauenseuche, die Europäische Schweinepest oder die TGE (übertragbare Magen-Darm-Entzündung).

Andere, auch heute noch wirtschaftlich bedeutende Schweineerkrankungen sind die Enzootische Pneumonie (Ferkelgrippe, Schweinegrippe, ansteckende Lungenentzündung) oder die Schnüffelkrankheit.

Die Behandlung von Infektionskrankheiten sollte man in jedem Fall dem Tierarzt überlassen, schon weil bei den Seuchen die Gefahr einer raschen Verbreitung besteht. Nur der Tierarzt kann hier eindeutige Diagnosen stellen und Therapien festlegen, zumal es sich bei Rotlauf, Tuberkulose, Schweinepest und Maul- und Klauenseuche um sogenannte anzeigepflichtige Seuchen handelt.

Vorbeugung und Gesunderhaltung

Allen diesen Krankheiten ist gemein, dass die Infektionserreger – seien es Viren, Bakterien oder eine Kombination von beiden – erst dann richtig zur Wirkung kommen, wenn die äußeren Bedingungen dies begünstigen.

Daher muss unser Ziel sein, zur Vermeidung von krankheitsfördernden Einflüssen die Umweltbedingungen zu optimieren. Das kann nur gelingen, wenn wir auf drei Ebenen ansetzen; und zwar auf der Ebene der natürlichen Reizeinflüsse auf das Tier (Biorhythmus), auf der Ebene des Zusammenspiels zwischen Tier und Mikroorganismen (natürliche Symbiose) und auf der Ebene der Zurückhaltung von krankmachenden Erregern (Hygiene).

Biorhythmus

Alles Leben läuft rhythmisch ab. Rhythmik ist ein Wesensmerkmal des biologischen Daseins und ihm förderlich. Eine tiergerechte Haltung verbietet daher aus sich heraus Maßnahmen und Haltungsformen, die einen lebenden Organismus weitgehend von den natürlichen biologischen Umweltreizen abkoppeln und einen großen Teil seiner natürlichen Lebensbedürfnisse erheblich einschränken.

Natürliche Umweltreize wie Sonnenlicht, Temperaturschwankungen, tages- und jahreszeitlicher Rhythmus haben einen besonderen und im Allgemeinen anregenden Einfluss auf den Organismus eines jeden Lebewesens. Sie sind Bestandteil seiner Natur. Sonnenlicht entfaltet seine Wirkung vor allem über die Haut und die Augen und damit auf die gesamten Regelungsvorgänge im Körper. Die ultraviolette Strahlung des Sonnenlichts beispielsweise regt die Stoffwechselvorgänge im Körper an und fördert die Fruchtbarkeit der Sauen. Die Wärmestrahlung der Sonne wirkt kreislauffördernd und trainiert das Temperaturregulationssystem des Tieres. Natürliches Licht ist nicht durch künstliche Lichtquellen zu ersetzen. Andererseits sollte man Schweine vor zu langer, direkter Sonneneinstrahlung und zu hoher Temperatur schützen.

Der Tag-Nacht-Rhythmus und die jahreszeitlichen Schwankungen beeinflussen vor allem den Hormonhaushalt von Tieren und damit auch ihr Verhalten. In diesem Sinne ist ein Zulassen einer möglichst breiten Palette von natürlichen Lebensäußerungen zur Steigerung des Wohlbefindens anzustreben.

Neben der positiven Beeinflussung der biochemischen Regulationsmechanismen und der psychischen Stabilisierung ist auch die physische Belastbarkeit der Tiere zu trainieren. Körperliche Fitness als allgemeiner Grundstock für einen guten Gesundheitszustand können wir bei unseren Schützlingen nur erwarten, wenn wir ihnen Gelegenheit zum Trainieren geben. Bei einem Tier, das in enge Buchten eingepfercht wird oder über lange Zeit angebunden ist, werden Herz und Kreislauf nicht ausreichend in Schwung gehalten. Die Folgen sind – abgesehen von Tierschutzaspekten – eine Verminderung der Widerstandskraft gegen Infektionsdruck und eine Schwächung der körperlichen Belastbarkeit, deren Folgen oft Kreislaufversagen und Herztod bei physischen Belastungen wie Umstallaktionen oder Viehtransporten sind.

Ausreichende Bewegungs- und Beschäftigungsmöglichkeiten erhöhen die allgemeine Fitness und verringern das Krankheitsrisiko.

Info
Das Licht von Sonne und Mond, der stetige Wechsel von Tag und Nacht, bestimmen als äußere Taktgeber die Aktivitäts- und Ruhephasen der Lebewesen. Mikroben, Pflanzen, Tiere und Menschen – alle leben unter der sanften Diktatur der Sonne.

Natürliche Symbiose

Zu den für das Auge nicht erkennbaren Lebensprozessen gehören die Lebensgemeinschaften (Symbiosen), durch die ein Tier mit vielen verschiedenen Kleinlebewesen (Mikroorganismen) verbunden ist. Diese Mikroorganismen – vor allem Bakterien – finden in den Körpersäften des Wirtstieres ihre Lebensgrundlage; sie sind jedoch auf der anderen Seite für ihren „Wirt" von lebenserhaltender Bedeutung, indem sie durch Stoffwechselprodukte direkt an den Auf- und Abbauvorgängen im Körper des Tieres beteiligt sind und darüber hinaus als erste Abwehrreihe gegen krankmachende Erreger fungieren.

So weiß jeder von sich selbst, dass zum Beispiel bei einer Infektion sich in den meisten Fällen die Mundschleimhäute verändern. Hier spielt sich sozusagen ein Kampf der guten gegen die bösen Bakterien ab. Je besser der Bestand an guten Bakterien, desto größer ihre Siegeschancen und desto geringer die Gefahr, dass der Körper des Tieres mit den auf ihn eindringenden Krankheitserregern nicht fertig wird.

Versuchen wir, die Tiere durch vorbeugende Verabreichung von Antibiotika und ihre Umgebung durch chemische Desinfektionsmittel weitgehend keimfrei zu halten, so müssen wir damit rechnen, dass durch diese Mittel auch die guten Bakterien vernichtet werden, die natürlicherweise in einer für beide Seiten seit Jahrmillionen währenden „gesunden" Symbiose leben. Eine solche weitgehend sterile Umgebung zu schaffen, ist im Sinne einer naturgemäßen Tierhaltung nicht

Eine gepflegte und nicht überstrapazierte Weide unterstützt unsere Hygienemaßnahmen.

anzustreben. Vielmehr ist ein Weg zu wählen, der die natürlichen Potenziale stärkt und allgemeines Wohlbefinden schafft.

Stehen die symbiontischen Bakterien im Einklang mit dem Wirtskörper und sind die Haltungsbedingungen optimal, werden sie sich entsprechend vermehren und das Tier schützen. Ein eindrucksvolles Beispiel ist der Geburtsvorgang, bei dem die kleinen Ferkel aus der „Sterilität" des Mutterleibes plötzlich einer Welt ausgesetzt werden, die viele feindliche Mikroorganismen enthält und gegen die sie noch keine Abwehrkräfte haben. Hier bilden die symbiontischen (guten) Bakterien, die sich in den Geburtsgängen des Muttertieres und in der Mundschleimhaut aufhalten, eine erste Abwehrkette. Dazu zählt auch das von der Muttersau mit Speichel versetzte Nestmaterial.

Aus dieser Erkenntnis hat die moderne Medizin (Human- und Tiermedizin gleichermaßen) neue Behandlungsmethoden abgeleitet; sie hat Präparate aus symbiontischen Bakterien (sogenannte Probiotika) entwickelt und setzt sie mit Erfolg zur Steigerung der Abwehrkräfte des tierischen Organismus ein. Ein Erfolg dieser Präparate hängt jedoch wiederum wesentlich von der Fitness der Tiere und den allgemeinen Haltungs- und Hygienebedingungen ab.

Gut zu wissen

Probiotika enthalten lebensfähige Mikroorganismen. In ausreichender Menge aufgenommen, können sie einen gesundheitsfördernden Einfluss auf den Wirtsorganismus bewirken.

Hygiene

Bei Beachtung der oben erläuterten Grundsätze zu den Themen Biorhythmus und Symbiose können wir die Hygienemaßnahmen grundsätzlich auf Vorkehrungen beschränken, die ohne hochwirksame chemische Zusätze auskommen.

- **Kalkmilchanstrich.** Eine Methode bildet hier der obligatorische Anstrich der Buchtenwände mit Kalkmilch. Es handelt sich hierbei um eine alte Methode, die eine leicht desinfizierende Wirkung hat und auch von den meisten Parasiten einschließlich der lästigen Fliegen nur ungern gesehen wird. Dieses bewährte Mittel kostet nicht viel, ist umweltverträglich und für Holz- und Steinwände gleichermaßen verwendbar. Der Anstrich sollte möglichst jedes Jahr erneuert werden.
- **Stallreinigung.** Die wirksamste Hygienemaßnahme ist und bleibt jedoch eine gründliche Reinigung der Stallareale, sobald eine Tiergruppe umgestallt oder verkauft wird. Diese Reinigung darf sich jedoch nicht im oberflächlichen Ausmisten erschöpfen. Alle Kotreste sind bei dieser Aktion zu entfernen, indem man die zumeist angetrockneten Reste nach dem groben Ausmisten zunächst mit viel Wasser aufweicht und dann wegkratzt oder wegspült. Ein Hochdruck-Dampfstrahlgerät kann gute Dienste leisten. Anschließend sollte man das Stallareal austrocknen und möglichst einige Tage, besser eine bis drei Wochen leer stehen lassen. Dadurch wird vielen potenziellen Krankheitserregern die Lebensgrundlage entzogen.

Kleine Stallapotheke
Um für alle Fälle gerüstet zu sein, aber auch für Vorbeuge- und Pflegemaßnahmen, sollten wir eine Stallapotheke mit folgender Grundausstattung einrichten:
- *Wund- bzw. Desinfektionsspray*
- *Mittel gegen leichte Durchfallerkrankungen*
- *Wund- und Frostheilsalbe*
- *Mittel zur Behandlung von Augenentzündungen*
- *Mittel gegen Ektoparasiten wie Zecken, Flöhe, Milben*
- *Fieberthermometer*
- *kleine Zange und Schere*
- *Taschenlampe*
- *Verbandszeug*

- **Haustiere.** Zur biologischen Bekämpfung von Ratten und Mäusen eignen sich vorzüglich Hofhund und Hauskatze; zur Reduzierung der lästigen Stallfliegen vor allem die Rauchschwalbe. Allerdings muss man diesem nützlichen Vogel durch Fluglöcher in Wand oder Tür die Möglichkeit geben, ständig ein- und auszufliegen, und ihm mit Hilfe von waagerecht angebrachten kleinen Brettern in etwa 20 cm Abstand von der Stalldecke den Nestbau erleichtern.
- **Stallorganisation.** Auch organisatorische Dinge tragen wirkungsvoll zur Stallhygiene bei. So ist beispielsweise unser Stallsystem so gestaltet, dass man eines der drei Stallareale vom Gesamtstall abkoppeln kann, um es bei Bedarf als Quarantäne- oder vorübergehende Krankenstation nutzen zu können.
- **Persönliche Betreuung.** Vielfach stark unterschätzt oder einfach nicht bekannt ist der positive Einfluss des Pflegers auf das Wohlbefinden und damit auch die Gesundheit seiner Tiere. Wer die Fähigkeit besitzt, auf die ihm anvertrauten Geschöpfe einzugehen, und ihnen wohlgesinnt gegenübertritt, wird alsbald eine Resonanz spüren. Die Tiere erkennen schnell ihren Betreuer am Schritt und werden ihn entsprechend freundlich begrüßen. Sie reagieren ganz anders, wenn ein Fremder den Stall betritt.

In wissenschaftlichen Untersuchungen wurde die positive Wirkung des betreuenden Menschen auf das Wohlbefinden der Tiere nachgewiesen. Doch auch aus eigenem Erleben kann der Autor dieses Phänomen bestätigen, wenn er hier ausführt, dass sein Vater seine Tiere (Schweine, Hühner) immer angesprochen hat, wenn er den Stall betrat. Die Begrüßung fiel immer recht herzlich aus. Dabei konnte man gleich feststellen, ob sich alle Tiere an dieser „Zeremonie" lebhaft beteiligten und demnach wohlauf waren.

Daraus folgt: Ein luftiger, sauberer, zugfreier und gut eingestreuter Stall, ein ausgewogenes, gesundes Futter sowie eine engagierte, liebevolle Betreuung der Tiere bewahren vor mancher Krankheit, mehren das Wohlbefinden seiner Bewohner und den Gewinn des Betreuers.

Tierarzt

Diesen gedanklichen Einstieg in die Welt des gesunden und des kranken Schweines möchten die Autoren mit dem Hinweis abschließen, dass eine Abhandlung über einzelne Schweinekrankheiten den Rahmen dieses Buches sprengen wie auch die fachliche Kompetenz der Autoren übersteigen würde.

Beiträge über mögliche Diagnosen und notwendige Therapien zu akuten Erkrankungen beim Schwein müssen sie daher – nicht zuletzt auch zum Schutze des Schweines – der tiermedizinischen Fachliteratur überlassen. Ansonsten steht dem Hobbyhalter und Selbstversorger jederzeit der Gang zum örtlichen Tierarzt offen, wo er sicher gut beraten wird.

Generell wäre es sogar empfehlenswert, nach der ersten Belegung des Stallquartiers einen mit Nutztierhaltung erfahrenen Tierarzt um eine kurze Visite zu bitten und mit ihm einen gemäß Schweinehaltungshygieneverordnung ohnehin erforderlichen tierärztlichen Betreuungsvertrag abzuschließen, der regelmäßige Gesundheitskontrollen sicherstellt und tierärztliche Behandlungen dokumentiert.

Gut zu wissen

War früher die Verteilung von Groß- und Kleintierärzten relativ ausgewogen, so zieht es heute die angehenden Tierärzte eher in Kleintierpraxen. So kann die Suche nach einem geeigneten Tierarzt für unsere Schweine in Zukunft schwierig werden.

Der Schlachttag

Das Schlachten der mit viel Mühe, aber auch mit viel Freude aufgezogenen und herangemästeten Tiere ist sicher nichts für zarte Gemüter. Doch wenn man auch nicht selbst Hand anlegt, sollte man sich nichts vormachen, denn die Auslieferung an den Metzger oder den Hausschlachter ist in jedem Fall mit dem Tod der Tiere verbunden.

Daher meinen wir, wer Nutztiere zum Zweck ihrer üblichen Bestimmung als Fleisch- oder Milchlieferant hält oder diese Produkte als solche auch nur genießt, ist in den Kreis der Verantwortlichen für den Tod der Tiere voll eingeschlossen.

Wer sich jedoch auch kritisch Gedanken darüber macht, wie die Tiere ihr Dasein bis zum Tag ihrer Bestimmung haben fristen müssen, wer den Einkauf von Nahrungsmitteln tierischen Ursprungs bewusst danach ausrichtet und wer gar die Möglichkeit hat, durch eine artgerechte Tierhaltung direkt Einfluss zu nehmen, der hat die Moral im Sinne des natürlichen biologischen Prozesses vom „Fressen und Gefressen werden" wohl eher auf seiner Seite.

Ganz anders dagegen derjenige, der die Tiere wie empfindungsunfähige Fleischmassen hält, denen schon vor ihrem Tod das Leben verwehrt ist, oder derjenige, der ungezielt über die Maßen Fleisch verzehrt und keinen Gedanken daran verschwendet, dass der vor ihm dampfende Braten einmal lebende Kreatur war, die eigens zu seinem „Genuss" ihr bescheidenes Leben lassen musste.

Doch wie man es auch betrachtet, die vornehmste Bestimmung unseres Hausschweins ist es, geschlachtet zu werden und damit fleischliche Nahrung zu liefern.

Die Hausschlachtung

Wer einmal einen gewerblichen Schlachthof besucht hat und damit eine Hausschlachtung vergleicht, der wird zugestehen, dass man letztere als „humaner" empfindet, wenn man auch anfangs mit sehr gemischten Gefühlen dem Hausschlachter als Geselle zur Seite tritt. Nachdem im Laufe der letzten dreißig Jahre die Zahl der Hausschlachtungen ständig zurückgegangen ist, scheint sich in der letzten Zeit vor allem unter dem Eindruck zunehmender Kritik an der Massentierhaltung und ihren Auswüchsen im Bereich der chemischen Futterzusatzstoffe und anderer sehr zweifelhafter Wachstumsfördermittel wieder eine positive Tendenz hin zur Hausschlachtung einzustellen. Es gibt sogar inzwischen Gemeinden, die ihr dörfliches Schlachthaus oder entsprechend geeignete Räumlichkeiten wieder reaktivieren und für ein geringes Entgelt eigens für diesen Zweck zur Verfügung stellen.

Für die Hausschlachtung hergerichtete Utensilien.

Dem Autor jedenfalls ist die jährliche Hausschlachtung in Westfalen, wo der Vater regelmäßig sechs Schweine zur Winterszeit vornehmlich mit Garten- und Küchenabfällen schlachtreif gemästet hatte, noch in lebhafter Erinnerung.

So sei hier gestattet, die Schilderung seiner Mutter, die dem Hausschlächter seinerzeit tüchtig zur Hand ging und auch für die Verarbeitung des Schlachtkörpers zu köstlichen Würsten, Schinken und Braten trefflich sorgte, im Folgenden wörtlich wiederzugeben:

„So wurden die Schweine über ein Jahr hindurch gefüttert, bis man zu Allerheiligen von Allerheiligen-Fasten sprach, denn dann waren die letzten Würste und Schinken vom Vorjahr so weit aufgezehrt. Anfang Dezember, wenn das kalte Wetter beständiger war – man kannte keine Kühltruhe – wurde vom Schlachten gesprochen und der Hausschlachter bestellt. Der Hausschlachter führte dieses Amt nebenbei aus, gewöhnlich war er von berufswegen ein Maurer. Auch der Tagelöhner hatte sich den Beruf als Hausschlachter zu eigen gemacht.

Der Schweinetopf (Bruggepott) wurde gesäubert, um darin das heiße Wasser für die Schlachterei parat zu haben. In der Morgenzeit um 5 Uhr wurde der Kessel angeheizt, gegen 6 Uhr kam der Schlachter. Er trug an den Füßen die „Stiewelholsken" (Holzschuhe mit einem Lederschaft), um bei dem Hantieren mit dem heißen Wasser und auf dem Weg zum Schlachten (gewöhnlich lag hoher Schnee) trockene Füße zu behalten. An seinem Bauchriemen hing seitlich eine Ledertasche, „de Dutt", mit zwei Messern und dem Wetzstahl; dazu hatte er ein Beil, einen Strick und die „Klocken" zum „Haare abschrappen".

Im Stall wurde dem Schwein am Hinterbein mit dem Strick eine Schlinge gelegt, man trieb es bis zur Stalltür und band den Strick an der Angel fest. Das Schwein stand im Vorraum des Stalles, der Viehküche. Man gab ihm mit dem Beil einen Schlag an die Schläfe, später schoss man mit einem Bolzen, um es zu betäuben. Das Schwein fiel und nun setzte der Schlachter das Messer in der Kehle an und stach zu. Die Mutter stand mit einem flachen Gefäß, der „Pfanne", parat und fing das Blut auf, welches in einen Eimer gegeben wurde und schnell umgerührt werden musste, damit es nicht gerann. Der Schlachter kniete auf das Hinterteil des Tieres und pumpte mit dem Vorderlauf, bis das letzte Blut ausgepresst war.

Nun setzte das „Haare schrappen" an. Ein alter Wasserkessel mit einem Ausguss war das günstigste Gerät, um heißes Wasser aus dem Schweinetopf zu schöpfen und das Schwein damit zu berieseln. Man fühlte zwischenzeitlich, ob sich die Haare lösten, dann wurden sie mit der „Klocke" abgeschrappt. Es dauerte schon seine Zeit, bis jedes Härchen an Ohr und Schwanz abgeschrappt war. Zwischendurch kam die Mutter mit einem „Schluck" (klarer Weizenkorn) um die Ecke, damit die Arbeit nicht so eintönig verlief.

Mit kaltem Wasser wurde das Schwein dann abgewaschen. Man legte eine Leiter hin und das Schwein wurde mit Männerkräften rücklings auf die Leiter gelegt. Zwischen den Sehnen und den Knochen der Hinterfüße wurde das „Krummholz" durchgeschoben, mit einem Strick am oberen Teil der Leiter befestigt und das ganze draußen an der Hauswand aufgerichtet. Von oben nach unten schnitt der Schlachter das Schwein auf; Fässer und Wannen standen bereit für die Innereien. Die Fett-Flomen wurden seitlich auf das Bauchfleisch gezogen und nun musste das Fleisch zum Auskühlen bis zum späten Nachmittag erstmal hängen.

Der „Fleischbeschauer" kam im Laufe des Tages, um das Fleisch nach eingehender Begutachtung bestimmter Muskelfasern unter einem einfachen Mikroskop mit einem Stempelaufdruck als trichinenfrei und damit genießbar zu kennzeichnen. Die Kinder freuten sich, wenn er sie durch sein Mikroskop schauen ließ. Die Mutter hatte zu tun, die Därme zu säubern und den Hausstand vorerst in alte Bahnen zu lenken. Das Reinigen der Därme war gerade nicht angenehm. Mit einem Metalllöffel (Esslöffel) schabte man von den Därmen den Schleim ab und drehte mittels eines passenden, runden Stockes die Därme um. Diese Prozedur wiederholte sich mehrmals. Zwischendurch wurden die Därme immer wieder in einem Eimer mit sauberem Wasser gesäubert.

Zum Abend kam der Schlachter wieder, um das Schwein zu „beschneiden". Der Kopf wurde abgetrennt und das Tier längs des Rückenkammes beidseitig eingehauen. Die Schweinehälften wurden auf dem Tisch zerlegt in Schinken, Vorderschinken, Speck, Bauchspeck, Rippen, Bratenstücke, Kotelettstücke, Bein- und Kleinfleisch. Speck und Schinken wurden eingesalzen. Sie lagen etwa vier Wochen in der Salzlösung, wurden dann abgewaschen und zum Trocknen auf der Bühne (Dachboden) aufgehangen. Bei passender Witterung, wenn trockene Luft war, wurden sie im Rauchfang oder in einem speziellen Räucherschrank geräuchert; auch die Mettwürste (Sommerwurst) wurden dazugehängt. Das ergab dann den bekannten westfälischen Knochenschinken und die berühmten westfälischen Mettwürste.

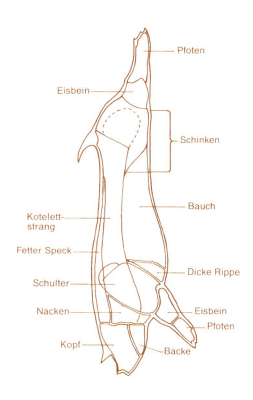

Wer den Schlachtkörper des Schweines fachgerecht zerlegen (beschneiden) will, muss die einzelnen Teilstücke genau kennen.

Gewurstet wurde dann am nächsten Tag. Das gute Fleisch verwendete man für die Dauerwurst. Man drehte es durch den Fleischwolf, gab Salz und Pfeffer daran und verarbeitete es in die dickeren Därme oder kaufte Kunstdarm. Für die Bratwurst wurde das weniger gute Fleisch vom Hals oder mehr Sehnen durchzogenes Fleisch genommen. Bratwurst machte man in den Dünndarm. Für Leber- und Blutwurst wurden die Innereien und das Kopffleisch, auch Bauchfleisch verwendet; es musste im großen Kessel gekocht werden, etwas Salz und Gewürze wurden mit in den Topf gegeben, und es war ratsam, das Fleisch nicht zu gar werden zu lassen.

Die Mutter holte sich zu diesem Wurste-Tag die Oma oder eine gute Bekannte dazu, da das Einfüllen in den Fleischwolf und das Vorhalten des Darmes nicht allein ausgeführt werden konnte. Wenn am Abend die Leber- und Blutwürste noch etwa zwei Stunden – je nach Größe – in siedendem Wasser ziehen mussten, war der Wurste-Tag ein langer,

Der Schlachttag

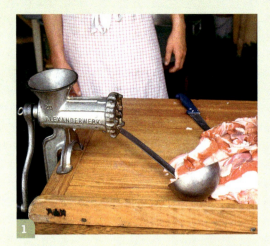

So entsteht die herrliche schwäbische Bauernbratwurst im Naturdarm

1. Zuerst wird fettreiches Fleisch zerteilt.
2. Es kommt zum Garen in einen großen Kessel.
3. In einem Netz lässt sich das Fleisch leichter aus dem Kessel nehmen.
4. Dann wird das gesottene Fleisch zuerst grob zerkleinert.
5. Danach wird es durch den Wolf gedreht und mit Gewürzen versetzt.
6. Der gründlich gesäuberte Darm wird auf den Trichterstiel gezogen.
7. Die Wurstmasse wird mit dem Tricher in den Darm eingefüllt.
8. Einzelne Würste entstehen, indem der gefüllte Darm portionsweise abgedreht wird.

anstrengender Tag gewesen. Man nahm schließlich die Würste aus dem Kessel, schreckte sie in kaltem Wasser ab und schob sie mit der am Ende angebrachten Schnurschlaufe auf Stöcke, die über Holzböcke gelegt wurden, damit die Würste abhängen und abtropfen konnten. In der Folgezeit gab es auf's Butterbrot Leber- und Blutwurst, da dieser Bestand zuerst aufgebraucht werden musste.

Für den folgenden Tag blieb noch das Einkochen von Braten und das Herrichten der Sülze, die aus dem Beinfleisch gekocht wurde. Das Kleinfleisch, wie Rückenkamm und Schwanz, wurden ebenfalls gekocht und für den Eintopf eingeweckt. Von der übrig gebliebenen Fleischbrühe und den Fleischresten sowie den „Schrewen" (Grieben) – das Überbleibsel von den Flomen, die zu Schmalz ausgelassen wurden – wurde in manchen Gegenden eine besondere Spezialität bereitet. So gab es vielerorts den „Pfannenbrei" (Pfannenbrigg), das „Möpkenbrot", den „Pannas", die „Blutsuppe" und den „Schweinepfeffer", ein Gericht, an das sich der Autor noch mit wonnigem Schauder erinnert. Zu allem schenkte man einen „Klaren" (Weizenkorn) ein, damit das Fett sich besser verteilte und die Mahlzeiten an diesen Tagen dem Magen verträglicher waren.

Im Sommer kamen die Mettwürste und der Schinken auf den Tisch. Schinken durfte nicht angeschnitten werden, bevor der Kuckuck gerufen hatte, und bis Allerheiligen-Fasten musste der Bestand reichen.

Je nach Bedarf und Vermögen wurde im Januar oder Februar das zweite Schwein geschlachtet. Es hatte dann ein prächtiges Gewicht erreicht und man konnte mit dem dicken Speck prahlen. Wer finanziell nicht gut stand, verkaufte an den Metzger die Schinken, um damit die Zinsen zu bezahlen, die neuen Ferkel zu kaufen oder eine andere Anschaffung zu finanzieren. Wer ein drittes Schwein zu füttern hatte, hatte gewöhnlich einen großen Haushalt oder es war eine stille Reserve, wenn er es verkaufen konnte. Gewiss waren die Pflege und Fütterung mit viel Arbeit verbunden, doch war die Freude dabei, wenn das Tier an Gewicht zunahm und es an dem Schritt, der in den Stall kam, seinen Pfleger erkannte. Das Grunzen war der Dank."

Nun ließe sich gar manches zu dieser Beschreibung noch hinzufügen. Doch sei nur so viel gesagt. In allen Landstrichen spielte sich der Schlachttag in ähnlicher Weise ab. Sicherlich gibt und gab es regionale Besonderheiten, was die Verarbeitung und die Vorlieben für die hergestellten Fleisch- und Wurstprodukte betrifft, wie der Autor aus eigener Anschauung weiß. Der beste Rat an jeden, der sich selbst in ein solches „Abenteuer" begeben will, besteht jedenfalls darin, sich einem guten Metzger oder Hausschlachter anzuvertrauen und möglichst tatkräftig dabei selbst Hand anzulegen.

Generell gilt, dass beim Schlachten die gesetzlichen, vor allem auch die tierschutzrechtlichen Bestimmungen zu beachten sind, das heißt, das Tier ist vor der Schlachtung zu betäuben. Grundsätzlich verboten ist das Schächten von Tieren, auch die Duldung wird strafrechtlich verfolgt. Im Übrigen ist darauf hinzuweisen, dass Schlachtabfälle über eine Tierkörperbeseitigungsanstalt zu „entsorgen" sind und nicht etwa im Müllcontainer oder in einer rasch ausgehobenen Grube landen dürfen.

Direktvermarktung von Fleisch und Wurst

Auch für den Hobbytierhalter und Selbstversorger stellt sich immer wieder die Frage, wie er seine Tiere vermarkten kann, soweit die anfallenden Produkte den Eigenbedarf übersteigen. Dazu gibt es im Grunde zwei Wege, nämlich den Verkauf der überzähligen Tiere an einen Metzger oder Händler und die Möglichkeit der Direktvermarktung ab Hof oder ab Stall. Doch auch bei der Direktvermarktung sind zwei Alternativen gegeben, zum einen die Hausschlachtung und zum anderen die Vermarktung von fertig verarbeiteten Wurst- und Fleischerzeugnissen.

Gesetzliche Regelungen für die Hausschlachtung

Die Hausschlachtung gilt als Lebendvermarktung der Tiere und wird so gehandhabt, dass ein oder mehrere Interessenten das lebende Schwein beim Bauern kaufen und es dort, bei sich zu Hause oder im örtlichen Schlachthaus als Hausschlachtung verarbeiten lassen.

Die Schlachtung selbst kann von einem ausgebildeten Metzger, aber auch von einem kundigen Laien, also in der Regel von einem Landwirt mit einem behördlich ausgestellten Sachkundenachweis, vorgenommen werden. Allerdings darf der Landwirt (so ist beispielsweise die Bestimmung in Baden-Württemberg) nicht mehr als 20 solcher Hausschlachtungen pro Jahr vornehmen, ohne dass er eine ordentliche Handwerksausbildung als Metzger hat. Darüber hinaus gilt diese Tätigkeit als gewerblich und muss als solche angemeldet werden.

Will der Bauer oder wollen wir aus unserem Bestand fertig zubereitete Wurst- und Fleischwaren, also nicht nur lebende Tiere, an den Mann oder die Frau bringen und tun wir das nicht nur gelegentlich, sondern mit der Absicht einer auf Dauer angelegten Gewinnerzielung, so müssen wir in jedem Fall ein Gewerbe anmelden. Denn der Verkauf von Fleisch und Wurstwaren darf nur aus einer sogenannten gewerblichen Schlachtung erfolgen, also einer Metzgerei oder einem als Gewerbe gemeldeten handwerklichen Nebenbetrieb eines Landwirts mit den entsprechenden hygienischen Einrichtungen wie Schlacht-, Verarbeitungs- und Kühlräumen.

Gut zu wissen

Bei allen Hausschlachtungen gilt immer das Prinzip der Lebendvermarktung, das heißt es werden immer die lebenden Tiere verkauft.

Gut zu wissen

Die Abgabe von Fleisch- und Wursterzeugnissen aus Hausschlachtungen ist grundsätzlich verboten, da die Einhaltung der gesetzlich vorgeschriebenen Hygieneauflagen (beispielsweise nach der Fleischhygieneverordnung) nicht mehr kontrollierbar wären.

Will man etwa einen solchen handwerklichen Nebenbetrieb eröffnen, sollte man sich in jedem Fall mit dem zuständigen Veterinäramt beziehungsweise dem Amtstierarzt in Verbindung setzen, damit dieser sich die vorhandenen Räumlichkeiten anschauen kann.

Weitere Verordnungen und Bestimmungen

Weitere wichtige Verordnungen sind in diesem Zusammenhang die Fleischverordnung, die unter anderem regelt, welche Zusatzstoffe (etwa Nitratpökelsalz, Phosphat) bei der Verarbeitung verwendet werden dürfen, sowie die Hackfleischverordnung, aus der hervorgeht, dass die Abgabe von Erzeugnissen aus zerkleinertem rohen Fleisch (Tartar, Hackfleisch) für den Direktvermarkter wohl kaum sinnvoll ist, da die Herstellung dieser leicht verderblichen Ware an eine hauptberuflich tätige sachkundige Person, also zum Beispiel einen Fleischermeister, gebunden ist. Die Bestimmungen über die Fleisch- und Trichinenbeschau sind zu beachten. Ansprechpartner in all diesen Fragen ist in der Regel die zuständige Veterinärbehörde.

Einmal einen Schlachttag miterleben

Jeder, der sich für das Thema „Schlachttag" interessiert und, auch ohne dass er selbst Schweine hält, sich gern einmal anschauen möchte, wie das Schlachten und die Verarbeitung des Schlachtkörpers nach traditionellen Regeln vor sich geht, wird heute wieder Gelegenheit dazu finden. Denn so manches Heimat- und Dorfmuseum mit dem Schwerpunkt landwirtschaftlichen und handwerklichen Kulturschaffens bietet solche Demonstrationen an, die zumeist mit einem zünftigen Schlachtfest verbunden sind.

Hier kann man nun, so man sich von seinem ersten Schrecken erholt hat, ohne Reue genießen, was uns das Schwein an fleischlichen Genüssen zu bieten hat. Und wer sich diesem Genusse hingibt, wird dies bewusster und intensiver tun, und nicht mit der immer häufiger festzustellenden Beziehungslosigkeit und Ferne zu dem Tier, das dafür hat sein Leben lassen müssen.

Gutes vom Schwein

Vor hundert Jahren betrug der Anteil tierischer Nahrungsmittel an der Gesamtenergiezufuhr 12 %. Heute ist er auf 35 % angestiegen. In der EU lag der Pro-Kopf-Verbrauch im Jahr 2012 bei knapp 95 kg. Die bundesdeutschen Bürger hatten im Vergleich zu ihren europäischen Nachbarn zwar auf die Bevölkerungszahl bezogen mit weit über 7 Mio Tonnen den höchsten Gesamtverbrauch an Fleisch, dennoch zählen sie nicht zu den größten Fleischessern. Mit knapp 88 kg Fleischverbrauch liegen sie lediglich an neunter Stelle, wobei das Schweinefleisch eindeutig den Vorzug genießt.

Was allerdings meist verschwiegen wird – dieser Wert bezieht sich auf das Gesamtgewicht der geschlachteten Tiere und beinhaltet damit vieles, was nicht in den bundesdeutschen Mägen verschwindet, beispielsweise Abfälle, Haut und Knochen, Futter für Hunde und Katzen. Der durchschnittliche echte Fleischverzehr des Bundesbürgers liegt bei knapp 60 kg jährlich, also bei etwa 164 g Fleisch pro Tag. Der Anteil an verzehrtem Schweinefleisch beträgt dabei etwa 107 g.

Solch eine Köstlichkeit hat ihren Preis.

Fleischverbrauch (inkl. Tierfutter, industrielle Verwertung, Verluste) in Deutschland je Kopf der Bevölkerung (in kg)

Fleischart	2008	2009	2010	2011	2012
Rind- und Kalbfleisch	12,3	12,5	12,8	13,1	13,2
Schweinefleisch	54,4	53,9	54,8	54,0	52,6
Schaf- und Ziegenfleisch	1,0	0,9	0,9	1,0	1,2
Innereien	0,6	0,6	0,7	0,6	1,0
Geflügelfleisch	18,3	18,8	18,7	18,9	18,5
sonstiges Fleisch	1,9	1,8	1,6	1,5	1,0

1) Nahrungsverbrauch, Futter, industrielle Verwertung, Verluste (einschl. Knochen)
Quelle: AMI, BLE, Statistisches Bundesamt

Ist dies etwa des „Guten" zuviel? Ist überhaupt noch Gutes im Fleisch? Ist Fleisch wirklich ein Stück Lebenskraft? Viele Fragen drängen sich uns hier auf. Das folgende Kapitel soll dazu beitragen, die wichtigsten davon zu beantworten.

Fleisch und Fleischqualität

Was ist Fleisch?

Fleisch sind alle Teile von geschlachteten oder erlegten warmblütigen Tieren, die zum Genuss für uns Menschen bestimmt sind. Es handelt sich dabei hauptsächlich um Muskeln, Fett und Bindegewebe.

Was steckt im Fleisch?

Fleisch ist ein bedeutender Energielieferant. Es wird relativ schnell und vollständig verdaut und es enthält zahlreiche lebenswichtige Nährstoffe:
- Eiweiß
- Fett
- Vitamine
- Mineralstoffe und Spurenelemente
- Kohlenhydrate sind praktisch nicht vorhanden

Eiweiß
Das ernährungsphysiologisch Wertvollste am Fleisch ist das Eiweiß oder Protein (griech. protein = die Ersten oder die Wichtigsten). Fleisch enthält besonders viel (bis zu 25 %) und besonders hochwer-

Fleischverzehr (reiner Nahrungsmittelverbrauch) in Deutschland je Kopf der Bevölkerung (in kg)

Fleischart	2008	2009	2010	2011	2012
Rind- und Kalbfleisch	8,4	8,6	8,8	9,0	8,9
Schweinefleisch	39,2	38,9	39,5	39,0	37,9
Schaf- und Ziegenfleisch	0,7	0,6	0,6	0,6	0,8
Innereien	0,2	0,1	0,2	0,2	0,2
Geflügelfleisch	10,9	11,2	11,1	11,2	11,0
sonstiges Fleisch	1,3	1,2	1,1	1,0	0,7

1) nach Schätzung des Bundesmarktverbandes für Vieh und Fleisch: ohne Knochen, Futter, industrielle Verwertung und Verluste
Quelle: AMI, BLE, Statistisches Bundesamt

tiges Eiweiß. Aber nicht nur im Fleisch, sondern auch im Blut, in den Organen, in Enzymen und in vielen Hormonen spielt das Eiweiß die entscheidende Rolle. Man könnte sogar sagen, alles Leben ist an Eiweiß gebunden.

Da Eiweiß im Körper laufend verbraucht wird, muss es ständig neu gebildet werden. Beispielsweise wird in 158 Tagen die Hälfte der menschlichen Muskulatur durch neu gebildete Muskulatur ersetzt, in nur zehn Tagen wird die menschliche Leber ersetzt.

Tierisches Eiweiß ist qualitativ hochwertig. Es hat – ernährungsphysiologisch ausgedrückt – eine hohe biologische Wertigkeit.

Die hohe biologische Wertigkeit beim Fleisch ist bedingt durch den überdurchschnittlichen Gehalt an lebensnotwendigen (essenziellen) Aminosäuren. Aminosäuren sind Eiweißbausteine. Etwa 20 verschiedene Aminosäuren sind bekannt, die in den Nahrungseiweißen vorkommen. Davon werden 8 als essenzielle bezeichnet, weil sie vom Körper nicht selbst aufgebaut werden können und deshalb mit der Nahrung zugeführt werden müssen.

Beim tierischen Eiweiß kommt die Aminosäurenzusammensetzung der Kombinationen der Eiweißbausteine im Körper des Menschen am nächsten, deshalb kann daraus schneller und besser körpereigenes Eiweiß, also Körpersubstanz, aufgebaut werden.

Fett

Auch das Fleischfett hat im Organismus wichtige Aufgaben zu erfüllen, beispielsweise als Energielieferant und als Träger von Geschmacksstoffen. Außerdem kommt den Fleischfetten eine besondere ernährungsphysiologische Bedeutung im Hinblick auf die wichtigen Fettsäuren zu.

Schweinefleisch besteht zum überwiegenden Teil aus ein- und mehrfach ungesättigten Fettsäuren und enthält auch die essenziellen,

Gut zu wissen

Die biologische Wertigkeit bezeichnet die Fähigkeit des aufgenommenen Nahrungseiweißes, das Körpereiweiß zu ersetzen.

das heißt lebensnotwendigen ungesättigten Linol- und Linolensäuren. Diese kann der menschliche Körper nicht selbst aufbauen, deshalb müssen sie mit der täglichen Nahrung zugeführt werden. Fleisch ist auch Träger des fettlöslichen Vitamins A, das nur über Fette im Darm aufgenommen werden kann.

Im Fleisch kommt Fett als Fettgewebe vor. Als gut sichtbare Speckschicht liegt es außerhalb der Muskelzellen, als Fettdepot liegt es zwischen den Muskeln und als Marmorierung ist es im Muskel zwischen den Muskelzellen gelagert. Gerade dieses intramuskuläre Fett, das die Marmorierung des Fleisches ausmacht, ist für den Genusswert, also Zartheit, Saftigkeit und Aroma von großer Bedeutung.

Fettreiches Fleisch und vor allem fettreiche Wurst sind allerdings auch maßgeblich an einer zu hohen Energiezufuhr in der menschlichen Ernährung beteiligt. Doch während sich übermäßiger Fettgenuss rein äußerlich rasch bemerkbar macht, wirken sich Herz- und Gefäßerkrankungen langfristiger, aber umso gravierender aus. Fleisch enthält Stoffe – zum Beispiel Cholesterin und Purine (Harnstoffe) –, die bei übermäßiger Zufuhr schwerwiegende Gewebeveränderungen der Arterien und Stoffwechselkrankheiten auslösen können.

Cholesterin ist eine Fettbegleitsubstanz, die bei entsprechender Veranlagung zur Erhöhung der Blutfettwerte und als Folge davon zur Arteriosklerose beiträgt und möglicherweise einen Herzinfarkt bewirkt.

Purine sind stickstoffhaltige Substanzen, die im menschlichen Organismus zu Harnsäure abgebaut werden. Bei entsprechender Veranlagung und übermäßigem Fleischverzehr kann es zu schmerzhaften Einlagerungen von Harnsäureverbindungen in die Gelenke (Gicht) oder zu Harnsteinen kommen.

Fett, Cholesterin und Purine sind jedoch natürliche Bestandteile des Fleisches. Bei maßvollem Umgang und umsichtiger Auswahl der Fleisch- und Wurstwaren können sie keinen Schaden anrichten.

Vitamine

Ohne Vitamine würde das gesamte System unserer Körperfunktionen durcheinander geraten. Fleisch enthält in erster Linie wasserlösliche Vitamine der B-Gruppe und das fettlösliche Vitamin A.

- **Vitamin B 1** (Thiamin) ist als Bestandteil von Enzymen am Kohlenhydratabbau beteiligt und spielt eine Rolle bei der Steuerung der Nerven- und Muskeltätigkeit.
- **Vitamin B 2** (Riboflavin) spielt bei der Eiweißverwertung eine Rolle und hat eine Funktion beim Aufbau der roten Blutkörperchen.
- **Vitamin B 3** (Niacin) greift regulierend in den Stoffwechsel der drei Nährstoffgruppen Eiweiß, Fett und Kohlenhydrate ein.
- **Vitamin B 12** (Cobalamin) ist wichtig für die Blutbildung.
- **Vitamin A** baut vor allem den Sehpurpur der Sehzellen in der Netzhaut unserer Augen auf und hat für die Haut eine Bedeutung.

> **Info**
> *Das Cholesterin ist ein in allen tierischen Zellen vorkommender Naturstoff. Der Name leitet sich vom griechischen „chole" (Galle) und „stereos" (fest) ab.*

Markante Unterschiede bei der Fettschicht des Koteletts zwischen der veredelten Landrasse Schwäbisch-Hällisches Schwein (links) und dem modernen Fleischschwein Piétrain (rechts).

Mineralstoffe, Spurenelemente

Auch die Mineralstoffe und Spurenelemente erfüllen in unserem Organismus wichtige Funktionen:
- Aufbau und Erhaltung von hartem Körpergewebe (Zähne, Knochen)
- Blutbildung und Blutgerinnung
- Steuerung des Stoffwechsels als Bestandteil von Vitaminen, Enzymen und Hormonen
- Regulierung des Wasserhaushalts u. a.

Fast alle wichtigen Mineralstoffe und Spurenelemente sind im Muskelfleisch und in den Innereien enthalten. Besonders hervorzuheben ist die Bedeutung des Fleisches als Eisenspender, da das in ihm enthaltene **Eisen** besser vom Körper aufgenommen und verwertet werden kann, als beispielsweise Eisen aus pflanzlichen Lebensmitteln. Eisen bestimmt nicht nur unsere Stoffwechselabläufe. Es baut auch die roten Blutkörperchen auf, die den Sauerstoff im Körper transportieren. **Phosphor** schließlich ist bekannt als Baustein für Knochen und Zähne und erfüllt daneben noch wichtige Stoffwechselfunktionen.

Qualitätsmängel

Die Nachteile moderner Verbraucheransprüche zeigen sich besonders deutlich in der Schweinezucht und Schweinehaltung und schließlich vor allem auch in der Qualität des Endprodukts, dem Schweinefleisch. Früher kam im Vergleich zu heute deutlich weniger, aber auch deutlich fetteres Fleisch auf den Tisch. Im Zuge von Wohlstands- und Schlankheitswelle veränderten sich die Konsumgewohnheiten. Der Fleischhunger wurde größer, aber auch der Wunsch nach magerem Fleisch.

Diese Veränderungen führten zu der Züchtung sogenannter Schnellwuchs-Magerschweine mit zwei weiteren Rippenpaaren und 70 % mehr magerer Muskelmasse. Während man Schweine früher in 12 bis 18 Monaten auf etwa 130–150 kg mästete, gilt das moderne Mastschwein nach einem halben Jahr und etwa 100 kg Körpergewicht als „fertig".

Die Ergebnisse dieser „Fleisch rein – Fett raus"-Züchtung sind aber nicht immer so, wie Züchter, Halter und Verbraucher es sich vorstellen. Die „modernen" Schweine erwiesen sich nämlich im Laufe der Zeit physisch und vor allem auch psychisch als nicht sehr widerstandsfähig. Wenn das beim Metzger erstandene Schweineschnitzel in der Pfanne zur Schuhsohle schrumpft (PSE-Fleisch), ist dies unter anderem eine sichtbare Folge.

- **PSE-Fleisch** ist blass (pale), weich (soft) und wässrig (exudative), schrumpft stark bei der Zubereitung, bräunt schlecht und wird zäh und grau. Der extreme Saftaustritt bei der Zubereitung beruht nicht auf einem höheren Wassergehalt des Fleisches, sondern auf einer geringeren Wasserbindefähigkeit des Eiweißes, als Folge einer Störung im Zellstoffwechsel bei der Schlachtung und einer frühzeitigen Muskelsäuerung nach der Schlachtung.
- **Wiegetest.** Nicht immer kann man dem Fleisch seine Qualität ansehen. Wiegen Sie es deshalb vor und nach dem Braten. Wenn das Schnitzel bei sachgerechter Zubereitung mehr als ein Viertel seines Gewichtes verliert, sollten Sie es zurückbringen und um Ersatz bitten.
- **DFD-Fleisch.** Dunkles (dark), festes (firm) und trockenes (dry) Fleisch, dem der typische säuerliche Geschmack fehlt und das schnell verdirbt. Diese Veränderung kommt jedoch beim Schweinefleisch sehr selten vor.

Rückstände im Schweinefleisch

Massentierhaltung auf engstem Raum erfordert einen relativ hohen Einsatz an Tierarzneimitteln (z. B. Antibiotika) zur Bekämpfung, aber auch zur Vorbeugung von Krankheiten. Durchaus „erwünschter" Nebeneffekt dieser Bakterienkiller ist die wachstumsfördernde Wirkung. Es ist erschreckend, dass die Hälfte der Weltproduktion an **Antibiotika** in den Ställen unserer Nutztiere landet, zumeist in den Beständen von gewerblichen Großmästereien, weniger in bäuerlich strukturierten Landwirtschaften.

Die Einsatzmöglichkeit dieser Medikamente wurde in den Europäischen Staaten erheblich eingeschränkt. Sie wurden als Futterzusatzstoff verboten und unterliegen strengen gesetzlichen Regelungen

Gut zu wissen

Setzt man Schweine vor dem Schlachtvorgang starkem Stress aus, führt dies zu einer erhöhten Produktion von Milchsäure im Muskelfleisch. Nach der Schlachtung kann diese Milchsäure nicht mehr abgebaut werden und säuert das Muskelgewebe.

(beispielsweise Wartezeiten zwischen Anwendung der Medikamente und der Verwertung der Tiere). Die Erfahrungen der Vergangenheit zeigen jedoch, dass diese Vorschriften leider mangels Kontrollmöglichkeiten nicht immer eingehalten werden.

Andere Tierarzneimittel wie **Psychopharmaka** und **Beta-Blocker**, die den Kreislauf der hochgezüchteten Schweine beim Transport zum Schlachthof unterstützen sollen, sind meist kaum nachweisbar. Auch der Einsatz von Östrogenen ist verboten, trotzdem werden diese **Hormone** immer wieder in krimineller Weise zur effektiveren Mast verwendet.

Ein Großteil der heute nachweisbaren **Pestizid-Rückstände** im Fleisch sind vor allem die Folgen von Altlasten oder werden mit Futtermitteln aus Ländern importiert, in denen diese Stoffe immer noch verwendet werden können. Organochlor-Verbindungen wie die Insektizide DDT, Lindan und insbesondere Polychlorierte Biphenyle (PCB) kommen dank strenger Futtermittel- und Lebensmittelkontrollen nur noch in Ausnahmefällen im Fleisch vor.

Ein weiteres und zunehmend größer werdendes Problem stellen auch **Pilzgifte** dar (Aflatoxine von Schimmelpilzen), die ebenfalls durch importierte Futtermittel in die Schweinemägen oder ins Schweinefleisch gelangen können. Ähnlich verhält es sich auch mit dem Lagerpilzgift Ochratoxin A. Dieser Pilz ist noch nicht so bekannt oder besser gesagt noch nicht so gut erforscht ist. Beide Pilzarten bilden sich vor allem bei der unsachgemäßen Lagerung, bei schlechten Transportbedingungen und bei nachlässiger Verarbeitung von Getreide.

Die krankmachende, weil giftige Wirkung der von diesen Lagerpilzen gebildeten Mykotoxine, die über den Fleischverzehr in den menschlichen Körper gelangen, betrifft vor allem Organe wie Leber und Niere. Darüber hinaus können diese Gifte schädigende Einflüsse auf Embryonen haben, indem sie Missbildungen verursachen und über die Muttermilch die Gesundheit von Säuglingen gefährden. Mykotoxine sind unter Umständen krebserregend und können das Immunsystem schädigen. Von daher gesehen, ist es sehr wohl auch im Interesse eines jeden einzelnen, sich Gedanken über die Herkunft des Fleisches zu machen, das er isst.

> **Info**
> *Biolebensmittel sind deutlich seltener mit Rückständen aus Pestiziden belastet als konventionelle Produkte. Im Jahr 2010 waren knapp 80% der untersuchten Bioproben rückstandsfrei.*

Die Teilstücke und ihre Verwendung

Nach dem Schlachten werden die Schweine in Teilstücke zerlegt, die entweder direkt als Frischfleisch Verwendung finden oder zu Fleisch- und Wurstwaren weiterverarbeitet werden.
- **Der Schinken** (Schlegel, Keule) ist ein wertvolles Fleischstück und besteht aus vier Teilen: Oberschale, Unterschale, Nuss und Hüfte. Aus Ober- und Unterschale werden Schnitzel geschnitten. Alle vier

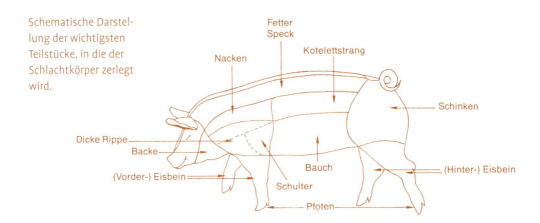

Schematische Darstellung der wichtigsten Teilstücke, in die der Schlachtkörper zerlegt wird.

Teile des Schinkens können aber auch als Braten verwendet werden.

- **Die Schulter** (Bug, Vorderschinken) besteht aus drei kleineren Teilstücken: Dicke Schulter, Blatt und Falsches Filet. Wird sie mit Fett, Schwarte und Knochen verwendet, muss sie entsprechend gekennzeichnet sein. Schulter ohne Knochen ist ein beliebter Schweinebraten. Auch Schweinerollbraten wird aus der Schulter hergestellt.
- **Der Nacken** (Kamm) ist fettdurchzogen und die einzelnen Muskelstränge sind in dünne Fettschichten eingebettet. Er wird mit oder ohne Knochen als Braten verwendet oder in Scheiben als Nackenkotelett bzw. heute sehr gern als Grillsteak.
- **Der Kotelettstrang** besteht aus dem Mittelstück und dem Lenden oder Lummerkotelettstück mit dem angewachsenen Filet (Lummer, Lende). Neben der Verwendung in frischer Form als Stielkoteletts, Filetkoteletts oder Braten, wird das Kotelettstück auch häufig gesalzen und gekocht (Rippchen) oder gepökelt und geräuchert (Kasseler).
- **Eisbeine** (Haxen) sind kräftige Wadenstücke. Hinter(Schinken-)eisbeine sind schwerer und fleischiger als Vorder-(Schulter-)eis-

Eiweiß- und Fettgehalt verschiedener Teilstücke im Vergleich

Teilstück (100 g)	Eiweißgehalt (g)	Fettgehalt (g)
Schinken	15,2	31,0
Schulter	14,0	35,0
Kotelett	15,2	30,6
Bauch	11,7	42,0
Eisbein	17,7	22,0

beine, die etwa 10 % mehr Knochen enthalten. Eisbeine sind zum Braten wie zum Kochen geeignet.
- **Pfoten** (Spitzbeine) bestehen aus Knochen und Schwarte. Sie sind billige Beigaben zum Kochen.
- **Der Bauch** (Wamme) eignet sich besonders gut zu Kraut und kräftigen Eintöpfen, zum Braten und Schmoren. Die stark mit Fleisch bewachsenen Rippen der Brustspitze werden als Dicke Rippe bezeichnet. Schweinebauch wird ohne oder mit Knochen und Schwarte, frisch, gesalzen oder geräuchert (Bauchspeck) verwendet.

Innereien

Neben Muskelfleisch und Knochen sind die Innereien ein wesentlicher Teil des Fleischsortiments. Sie liefern uns wichtige Nähr- und Wirkstoffe, sind jedoch wegen des zum Teil hohen Gehalts an Schwermetallen (Blei, Cadmium, Quecksilber) mit entsprechender Vorsicht zu genießen. Das Bundesgesundheitsamt hat deshalb beispielsweise empfohlen, Nieren vom Rind und vom Schwein nur noch gelegentlich zu verzehren. Zu den essbaren Innereien vom Schwein gehören die Zunge, die Leber, das Herz, das Hirn und die Nieren.

Produkte aus korsischem Schweinefleisch.

- **Zunge** wird meist im Ganzen verkauft und ist ein relativ teurer Artikel. Neben frischen rohen Zungen werden auch gepökelte Zungen angeboten.
- **Schweineleber** erkennt man an den fein porösen und leicht körnig angerauten Schnittflächen. Die Leber wird meist nur kurz gebraten und darf erst danach gesalzen und gewürzt werden, da sie sonst zäh wird.
- **Herz** eignet sich nicht nur zum Braten, sondern liefert, in Scheiben geschnitten, auch köstliche Kurzbratgerichte. Achten Sie beim Einkauf von Herz vor allem darauf, dass die Herzkammern von Blutresten frei sind.
- **Hirn** ist ein besonders empfindliches und leicht verderbliches Produkt. Es sollte deshalb möglichst frisch zubereitet und schnell verzehrt werden. Hirn wird normalerweise gekocht. Soll es gebraten werden, muss man es vorher blanchieren.
- **Nieren** sind nicht nur delikat am Grillspieß. Auch gedünstet und pikant abgeschmeckt als „Saure Nieren" werden sie sehr geschätzt.

Fleischerzeugnisse

Gut zu wissen

Wurst war bereits 5000 v. Chr. auf Zeichnungen und Malereien abgebildet, die aus Ägypten, Syrien und China stammen. Im Wortursprung bedeutet Wurst soviel wie „etwas drehen, vermengen, rollen und wenden".

Es gibt wohl kein Land, in dem so viele verschiedene Wurstsorten – nämlich 1500 – hergestellt werden wie in Deutschland. Die meisten Wurstwaren werden überwiegend aus Schweinefleisch hergestellt.

Wurst

Vom Fleisch werden zunächst die Knochen und ein Großteil der Sehnen entfernt, dann wird es im Fleischwolf oder im Fleischkutter zerkleinert. Diese Masse wird mit Salz und verschiedenen Gewürzen vermischt, in Därme abgefüllt und – je nach Wurstart – gebrüht, gekocht, geräuchert oder getrocknet. Nach der Qualität der Inhaltsstoffe gibt es im Handel drei Qualitätsstufen für Wurstwaren.
1. Spitzenqualität aus fettgewebs- und sehnenarmem Fleisch.
2. Mittlere Qualität aus grob entsehntem und grob entfettetem Fleisch. Meist wird sie unter der Zusatzbezeichnung „Land-, Bauern- oder Hausmacherwurst" angeboten.
3. Einfache Qualität aus sehnen- und fettgewebsreichem Fleisch, Schwarte und auch Innereien. Sie ist nur für bestimmte Wurstwaren üblich, wie Mettwurst, Fleischwurst, Blutwurst u. a. Je nach Herstellungsverfahren unterscheidet man Rohwürste, Kochwürste und Brühwürste.
Rohwürste werden aus rohem grob- oder feingekuttertem Fleisch und Speck hergestellt, gepökelt und geräuchert, auch luftgetrocknet. Es gibt streichfähige Rohwürste (z. B. Teewurst) und schnittfeste Rohwürste (z. B. Salami).

Fettgehaltsstufen ausgewählter Wurstwaren in %

Sülzen und Aspikware	5–20 %
Bierschinken	15–25 %
Jagdwurst, Mortadella	20–35 %
Wiener Würstchen	20–35 %
Bratwurst	20–40 %
Teewurst, Mettwurst	35–45 %
Salami, Cervelat	35–55 %
Leberwurst	40–45 %
Streichmettwurst, fett	55–65 %

Kochwürste werden aus vorgekochtem Fleisch, Innereien und Gewürzen hergestellt. Die fertigen Würste werden nochmals gekocht (beispielsweise Blut- und Leberwurst, Sülzen).
Brühwürste sind die schnittfesten Endprodukte einer gebrühten, gebackenen oder gebratenen Wurstmasse. Die bekanntesten Vertreter dieser Wurstsorte sind Lyoner, Bierschinken, Fleischwurst und zahlreiche Würstchenarten.

Räucherwaren, Speck, Schinken

Bei diesen Produkten handelt es sich um Fleischstücke, die durch Pökeln oder Räuchern haltbar gemacht werden. Je nach Qualität der Fleischstücke, Art und Dauer der Behandlung (Pökeln, Räuchern, Lagern) unterscheidet man z. B. fetten Speck, durchwachsenen Speck, Schwarzwälder Speck, Schinkenspeck, Knochenschinken, Lachsschinken usw.
Pökeln. Das frische Fleisch wird mit einem speziellen Pökelsalz eingesalzen (gepökelt). Dadurch wird die Entwicklung verderbniserregender Mikroorganismen gehemmt, das Fleisch wird durch diesen Vorgang also haltbar gemacht. Wird das Pökelfleisch zusätzlich über einen bestimmten Zeitraum in einer Salzlösung (Lake) gelagert, kommt es zu einer typischen und dauerhaften Rötung des Fleisches und darüber hinaus noch zu einer weiteren Verlängerung der Haltbarkeit.
Räuchern. Der Räucherprozess entzieht dem Fleisch den größten Teil seines Wassers. Dadurch werden die eiweißhaltigen Fasern näher zusammengepresst. Der Eiweißgehalt in einem Stück geräucherten Schinkens ist also größer als in einem gleich großen ungeräucherten Stück. Es kann sowohl mit heißem als auch mit kaltem Rauch geräuchert werden.

Achtung
Pökelsalze (Nitrat, Nitritpökelsalz) sind nicht ungefährlich. Bei starker Hitze kann Nitrit zusammen mit Aminen (Eiweißabbauprodukte) zu Krebs erregenden Nitrosaminen weiter reagieren. Gepökelte Fleischerzeugnisse sollten deshalb weder gebraten noch gegrillt werden. Beim Räucherprozess entstehen Benzpyrene, ebenfalls Krebs erregende Stoffe. Die Werte sind allerdings sehr gering.

Alte Rezepte aus Westfalen

Dauerwurst
- 1 kg mageres Schweinefleisch
- 1/2 kg fettes Schweinefleisch oder gepökelter Speck
- 30 g Salz
- 2 Teelöffel Pfeffer
- 3 zerquetschte Knoblauchzehen
- etwas Paprikapulver
- eine große Prise Salpeter
- Rotwein oder Weinessig

Aus dem mageren Fleisch wird feines Hackfleisch gemacht, der fette Anteil darf gröber sein. Über Nacht wird alles in Wein oder Weinessig eingelegt. Nach dem Vermischen mit den restlichen Zutaten wird die Masse in Wursthäute (Därme) gefüllt und an einem trockenen Ort aufgehängt (ca. 16 °C).

Panhas
Fleischbrühe (Schlachtreste) vom Kochfleisch heiß machen, dann etwas Blut hineinrühren und gut mit Salz, Pfeffer und Nelken würzen. Wenn alles stark kocht, Mehl (Buchweizenmehl) einstreuen, unter ständigem Rühren kochen lassen, bis der Holzlöffel in der Teigmasse stehen bleibt. Wenn Luftblasen entstehen, den Topf von der Herdstelle nehmen. Die Masse in Porzellanschüsseln füllen. Nach dem Erkalten stürzen. Den Panhas in Scheiben schneiden und in der Pfanne knusprig braten.

Beilage: Äpfel in Scheiben schneiden und in der Pfanne goldbraun braten.

Schweinepfeffer
Nach dem Schlachten
(für etwa 8 Personen)

Fleischknochen, Fleisch vom Bug und Kamm, Füße und Kleinfleisch (insgesamt etwa 2,5–3 kg) mit Wasser bedeckt zum Kochen aufsetzen. 2 Zwiebeln, 2 Lorbeerblätter, 3 Nelken, 6 Pfefferkörner, 1 Esslöffel Zucker und 2 Handvoll getrocknete Pflaumen dazugeben und weiter kochen, bis alles gar ist. Dann etwa 250 g Rübensirup hinzufügen (man kann auch eine Tasse Blut nehmen, das mit 3 Esslöffeln Mehl angedickt worden ist). Wir haben immer Rübensirup genommen und das schmeckt einfach köstlich. Zum Schluss das Ganze mit Mehl und Essig binden und abschmecken.

Dieses deftige Mahl wurde oft am Tag nach dem Schlachten von der Hausfrau der Familie als Belohnung für die harte Arbeit vorgesetzt. Dazu reichte sie Salzkartoffeln und Kopfsalat. Zur besseren Verdauung wurde die ganze Köstlichkeit schließlich mit einem Weizenkorn oder Obstwasser gekrönt.

Sülze

- 1/2 Schweinekopf
- 4 Pfötchen
- 2 Öhrchen
- einige frische Schwarten
- 6–8 fleischige Knochen
- 250–400 g mit Salz und Pfeffer gewürztes Schweinemett
- Salz, 4 Lorbeerblätter, Pfefferkörner,
- 1 Zwiebel
- Zum Abschmecken: Salz, Pfeffer, Essig oder Brühwürfel

Das Fleisch (ohne Mett) mit Wasser bedeckt zum Kochen bringen, abschäumen, Gewürze zufügen und nicht zu weich kochen. Fleisch herausnehmen und in kleine Würfel schneiden, Mett zu kleinen Bällchen formen, Brühe durchsieben und das geschnittene Fleisch hineingeben. Bei offenem Topf 1/2 Stunde kochen lassen, pikant bis scharf abschmecken, Mettbällchen in die Sülze geben und ca. 15–30 Minuten leise köcheln lassen.

Die fertige Sülze in Gläser füllen, 30 Minuten bei 90 °C sterilisieren. Einen Teil der Sülze kann man auch in mit kaltem Wasser ausgespülte Glas- oder Porzellanschüsseln geben, erstarren lassen und am nächsten Tag bereits zum wohlverdienten Vesper servieren.

Sülze schmeckt mit Remouladensoße gut zu Bratkartoffeln und ist, in feine Scheiben geschnitten, ein leckerer Brotbelag. Dazu sind frischer Feldsalat und ein kühles Bier oder ein trockener Weißwein ein Hochgenuss.

Schweinskopfsülze schmeckt noch besser, wenn sie vom eigenen Schwein stammt.

Service

Literatur

Apfelbach, R. und J. Döhl: Verhaltensforschung. Verlag Gustav Fischer, Stuttgart 1976.
Autorkollektiv Schweine. VEB Deutscher Landwirtschaftsverlag, Berlin 1971.
Bogner, H. und H. Grauvogl: Verhalten landwirtschaftlicher Nutztiere. Verlag Eugen Ulmer, Stuttgart 1984.
Bolz, W.: Seuchenfreie Ferkel. Verlag Eugen Ulmer, Stuttgart 1967.
Burgstaller, G.: Praktische Schweinefütterung. Verlag Eugen Ulmer, Stuttgart 1985.
Dawkins, M. S.: Leiden und Wohlbefinden bei Tieren. Verlag Eugen Ulmer, Stuttgart 1982.
Dröscher, V. B.: Die Tierwelt unserer Heimat. Hoffmann und Campe Verlag, Hamburg 1978.
Frahm, B.: BGJ Agrarwirtschaft. Verlag Eugen Ulmer, Stuttgart 1980.
Fraser, A. F.: Verhalten landwirtschaftlicher Nutztiere. Verlag Eugen Ulmer, Stuttgart 1978.
Gaul, F.: Grundzüge der Landwirtschaft. Verlagsbuchhandlung Paul Parey, Berlin 1917.
Gleissner, H. u. a.: Der Jungbauer. BLV Verlagsgesellschaft mbH, München 1976.
Glodek, P.: Schweinezucht. Verlag Eugen Ulmer, Stuttgart 1982.
Gottschall, R.: Kompostierung. Verlag C. F. Müller, Karlsruhe 1990.
Gravert, H.-O., R. Wassmuth und J. H. Weniger: Einführung in die Züchtung, Fütterung und Haltung landwirtschaftlicher Nutztiere. Verlag Paul Parey, Hamburg und Berlin 1979.
Haiger, H., R. Storhas und H. Bartussek: Naturgemäße Viehwirtschaft. Verlag Eugen Ulmer, Stuttgart 1988.
Hammond, J.: Landwirtschaftliche Nutztiere. Verlag Paul Parey, Hamburg und Berlin 1962.
Höges, J. L.: Ferkel und Sauen. Verlag Eugen Ulmer, Stuttgart 1990.
Höges, J. L.: Fleischschweine. Verlag Paul Parey, Hamburg und Berlin 1966.
Horstmeyer, A. und A. Vallbracht: Artgerechte Schweinehaltung – Ein Modell. Birkhäuser Verlag, Basel, Berlin und Boston 1990.
Kleinschmidt, N. und W.-M. Eimler: Wer hat das Schwein zur Sau gemacht? Droemersche Verlagsanstalt Th. Knaur Nachf., München 1984.

Linder, H.: Biologie. J. B. Metzlersche Verlagsbuchhandlung und Carl Ernst Poeschel Verlag GmbH, Stuttgart 1948/1967.
Loeffler, K.: Anatomie und Physiologie der Haustiere. Verlag Eugen Ulmer, Stuttgart, 2. Aufl. 1974.
Martin, G. und D. W. Fölsch: Artgemäße Nutztierhaltung und ökologisch orientierte Landwirtschaft. Birkhäuser Verlag, Basel, Berlin, Boston 1989.
Menke, K.-H. und W. Huss: Tierernährung und Futtermittelkunde. Verlag Eugen Ulmer, Stuttgart, 2. Aufl. 1980.
Reckeweg, H.-H.: Schweinefleisch und Gesundheit (Vortrag). Aurelia Verlag, Baden-Baden 1977.
Reinhardt, L.: Kulturgeschichte der Nutztiere. Verlag von Ernst Reinhardt, München 1912.
Rist, M. u. a.: Artgemäße Nutztierhaltung. Verlag Freies Geistesleben, Stuttgart 1989.
Sambraus, H. H.: Atlas der Nutztierrassen. Verlag Eugen Ulmer, Stuttgart 1986.
Sambraus, H. H.: Nutztierethologie. Verlag Paul Parey, Hamburg und Berlin 1978.
Sambraus, H. H.: Nutztierkunde. Verlag Eugen Ulmer, Stuttgart 1991.
Sambraus, H. H. und E. Boehnke: Ökologische Tierhaltung. Verlag C. F. Müller, Karlsruhe 1988.
Sattler, F. und E. v. Wistinghausen: Der landwirtschaftliche Betrtieb. Verlag Eugen Ulmer, Stuttgart 1985.
Schmidt, J., J. Kliesch und V. Goerttler: Lehrbuch der Schweinezucht. Verlag Paul Parey, Hamburg und Berlin 1956.
Schmidt, L. u. a.: Schweineproduktion. DLG Verlag GmbH, Frankfurt (Main) 1980.
Schmidt, L.: Zucht, Fütterung und Haltung der Schweine, DLG Verlag, Frankfurt (Main) 1968.
Schmidt, A. und C. R. Schmidt: Schweine. Kinderbuchverlag KBV Luzern AG, Luzern 1991.
Schmitten, F. u. a.: Handbuch der Schweineproduktion. DLG Verlag, Frankfurt (Main) 1989.
Schonwink, W.: Der wilde Eber in Gottes Weinberg. Jan Thorbecke Verlag, Sigmaringen 1985.
Schwark, H. J., Z. Zebrowski und V. N. Ovsjannikov: Internationales Handbuch der Tierproduktion – Schweine. VEB Deutscher Landwirtschaftsverlag, Berlin 1975.
Schwerz, J. N. v.: Beschreibung der Landwirtschaft in Westfalen. Faksimiledruck nach der Ausgabe von 1836. Landwirtschaftsverlag GmbH, Münster-Hiltrup o. J.
Seymour, J.: Leben auf dem Lande. Otto Maier Verlag, Ravensburg 1970.

Sommer, H., E. Greuel und W. Müller: Tierhygiene. Verlag Eugen Ulmer, Stuttgart 1976.
Stern, H.: Mut zum Widerspruch. Rowohlt Taschenbuch Verlag GmbH, Reinbek bei Hamburg 1976.
Stern, H.: Sterns Stunden – Bemerkungen über das Tier im Handel – Bemerkungen über das Hausschwein. Droemersche Verlagsanstalt Th. Knaur Nachf., München 1989.
Vielhauer, T.: Die Schweinezucht. Verlagsbuchhandlung Eugen Ulmer, Stuttgart 1928.
Zorn, W.: Schweinezucht, Schweinemast, Schweine – Stall- und -Weide-Haltung. Verlag Eugen Ulmer, Stuttgart 1954.

Anschriften von Verbänden, Gesellschaften und Beratungsstellen

Deutschland

AbL – Arbeitsgemeinschaft bäuerliche Landwirtschaft e.V.
Bahnhofstraße 31, D-59065 Hamm/Westf.
info@abl-ev.de
www.abl-ev.de

AÖL – Arbeitsgemeinschaft Ökologischer Landbau
Geschäftsstelle
Matthias Strobl, Koordinator
73728 Esslingen
matthias.strobl-bw@bioland.de

Bäuerliche Erzeugergemeinschaft Schwäbisch Hall
Züchtervereinigung Schwäbisch Hällisches Schwein e.V.
Haller Straße 20
74549 Wolpertshausen
www.besh.de

BAT – Beratung Artgerechte Tierhaltung e.V.
Postfach 1131
37201 Witzenhausen
bat@bat-witzenhausen.de

Biokreis e.V.
Stelzlhof 1
94034 Passau
info@biokreis.de

Bioland Bundesverband
Kaiserstr. 18
55116 Mainz
info@bioland.de

Deutscher Tierschutzbund NEULAND
Verein für tiergerechte und umweltschonende Nutztierhaltung
Baumschulallee 15
53115 Bonn
Verein@NEULAND-Fleisch.de

Forschungszentrum Dummerstorf
Bereich Schweinehaltung
Wilhelm-Stahl-Allee 2
18196 Dummerstorf-Rostock
www.fiz-agrar.de

FUTURA GmbH
Gesellschaft für Verarbeitung und Vertrieb von DEMETER- und Landerzeugnissen
Johann Schaub
Schillerstraße 58
73240 Wendlingen
info@futura-bio-feinkost.de

Gesellschaft zur Erhaltung alter und gefährdeter Haustierrassen e. V. (GEH)
Eschenbornrasen 11
37213 Witzenhausen
Hessen/Deutschland
www.g-e-h.de

Naturland – Verband für ökologischen Landbau e. V.
Kleinhaderner Weg 1
82166 Gräfelfing
Naturland@naturland.de

ZV – Schweinezuchtverband Baden-Württemberg e. V.
ZEG – Zuchtschweine-Erzeugergemeinschaft Baden-Württemberg w.V.
Im Wolfer 10
70599 Stuttgart-Plieningen
www.saustark.de

SÖL – Stiftung Ökologie & Landbau
Weinstraße Süd 51
D-67098 Bad Dürkheim
www.soel.de

ZDS – Zentralverband der Deutschen Schweineproduktion e. V.
Adenauerallee 174
53113 Bonn
info@zds-bonn.de

Österreich

ARGE Bio-Landbau – Arbeitsgemeinschaft zur Förderung des biologischen Landbaus
Wickenburggasse 14/9
1080 Wien
www.bioinformation.at

ÖIG – Österreichische Interessengemeinschaft Biolandbau
Geschäftsführender Obmann
amerstorfer@oekoland.at
Organisationssekretär
Hanriederstraße 8
4132 Lembach
igbiolandbau@oekoland.at

Schweiz

Stiftung ProSpecieRara
Pfrundweg 14
5000 Aarau
info@psrara.org

Bildquellen

Zeichnungen

Die Zeichnungen fertigte Joannis Selveris, Kernen, nach Vorlagen der Verfasser. Korrekturen an der Zeichnung Seite 101 nahm Helmuth Flubacher, Waiblingen, nach Vorgaben der Verfasser vor.

Fotos

Baumeister, Werner: Seite 29, 67, 71
Butscher, Jürgen: Seite 121 oben, 121 unten
Götz, Eva-Maria: Seite 132, 140
janecat/shutterstock.com: Seite 65
Klewitz-Seemann, Silke: Titelfoto, Frontispiz, Seite 6, 8, 18, 25, 34, 41, 55, 59, 61, 62, 74, 77, 85, 89, 93, 94, 100, 102, 111, 115, 120, 136, 129, 137, 143, 145, 148, 176
Peitz, Beate und Leopold: Seite 14, 20, 37, 43, 56, 68, 69, 79, 80, 81, 103, 113, 125, 131, 150, 155, 158 links oben, 158 links Mitte, 158 links unten, 158 rechts oben, 158 rechts unten, 159 links oben, 159 links unten, 159 rechts, 163, 167, 171
Sambraus, Hans Hinrich: Seite 26, 28, 30, 31, 32
Zoonar/Simone Voigt: Seite 175

Dank

Die Bildautoren und der Verlag danken dem Hohenloher Freilichtmuseum Wackershofen und der agrarwissenschaftlichen Versuchstation Unterer Lindenhof der Universität Hohenheim und dem Egerhof in Eningen u. A., die uns freundlicherweise ermöglicht haben, dort für das Buch zu fotografieren.

Register

A

Abferkelareal 134
Abferkelbucht 135
Absatzferkel 108
Abstammung 13, 42
Aggressionen 72
Aminosäure 54
Aminosäuren 165
Angler Sattelschwein 17, 30, 141
ansteckende Lungenentzündung 148
Antibiotika 143, 150
anzeigepflichtig 148
artspezifische Verhaltensweisen 12
Atemzüge 45
Atmung 145
Auslauf 36, 71, 76, 119

B

Bache 57
Bakterien 147, 150
Bauch 42, 171
Bauchspeck 171
Becken 50
Beißholz 70
Belgische Landrasse 141
Belichtung 84
Benagen 104
Besatzdichte 72
Bewegungsdrang 34
Bierhefe 116, 126
Biestmilch 136
Bindenschwein 13, 35
Biorhythmus 149, 151
Blut 45, 52 f.
Blutfettwerte 166
Blutkreislauf 54
Borsten 33, 45
Bösartigkeit 72
Brunst 45, 47, 57
Brunstdauer 64

Brunstsynchronisation 131
Brunstzyklus 130
Brutpflegetrieb 33

C

Chinesisches Maskenschwein 29
Cholesterin 166

D

Decktermin 130
Deutsche Landrasse 18, 26
Deutsches Edelschwein 17, 28
Deutsches Veredeltes Landschwein 17
DFD-Fleisch 168
Dickdarm 52 f.
Direktvermarktung 161
Domestikation 58
Duldungsreflex 65
Dungbehandlung 96, 98
Dünndarm 52 f.

E

Eber 39, 64, 66, 75, 97, 108, 132, 141
Eierstock 46
Eileiter 46
Einzäunung 77, 93, 100, 105
Eisbein 170
Eisprung 64
Eiweiß 112, 114, 164
Eiweißfuttermittel 116
Eiweißgehalt 170
Ejakulatmenge 66
Emmissionsschutzgesetz 81
Ergänzungsfuttermittel 116
Erkunden 69
Ernährungszustand 145
Europäische Schweinepest 148
Exterieur 14
Extraktionsschrote 116

F

F1-Generation 40
Faktorenkrankheiten 143
Familiengruppe 123
Familiengruppenhaltung 90
Familienhaltungssystem 108
Familienstall 90
Ferkel 67
Ferkelaufzuchtfutter 127
Ferkelbetten 89
Ferkelfressen 72
Ferkelfutter 126
Ferkelgrippe 148
Ferkelgruppe 132
Ferkelkiste 95, 106, 108, 133
Ferkelruhr 148
Fertigfuttermischungen 114
Festmist 97
Fette 112
Fettgehalt 170
Fettsäuren 54, 165
Fettschicht 167
Fischmehl 114, 117
Fleischfett 165
Fleischhygieneverordnung 162
Fleischqualität 164
Fleischschweine 39
Fleischtypen 18
Fleischverbrauch 164
Fleischverzehr 165
Fortpflanzungsrate 142
Fortpflanzungsverhalten 57
Freilandhaltung 30, 77 f., 100, 129
Fresszone 92
Frischmist 98
Fruchtbarkeit 35
Funktionsbereiche 92, 107
Futteraufnahme 146
Futtergetreide 123
Futterküche 84, 86, 95
Futtermehl 115
Futtermittel 60, 111
Futtermitteldarreichung 124
Futterneid 61

Futterplatz 92
Futterration 112
Futterrationen 123
Futtersuche 56, 59
Fütterungstechnik 61, 122
Futterwahl 60
Futterwerttabellen 113
Futterzuckerrübe 118

G

Garkessel 95
Gebärmutter 47
Gebrauchskreuzung 36
Gebrauchskreuzungen 40
Geburt 47, 67, 135
Gehaltsrübe 118
Gentechnologie 38
Gesamtnährstoffgehalt (GN) 115
Gesäuge 46, 66
Geschlechtsorgane 46
Geschlechtsreife 24, 45, 130, 132
Gesundheitszustand 144, 149
Getreidearten 114
Göttinger Minischwein 35
Großvieheinheit 97
Grünfutter 113, 119, 126
Grünfuttersilage 120
Grünmehl 122
Gruppengröße 63
Gülle 96
Gülleverordnung 98

H

Hackfleischverordnung 162
Hackfrüchte 95, 117, 122 f.
Halothantest 139
Hals 42 f.
Halswirbel 49
Hängebauchschwein 23
Harn 52, 67, 146
Harnsäure 166
Hauptmängel 38
Hausschlachter 154
Hausschlachtung 155

Haut 41, 144
Herz 12, 45, 54, 171
Heu 89
Hinterschinken 42
Hirn 171
Hitze 12
Hormonhaushalt 149
Hülsenfrüchte 114, 116
Hybriden 40
Hybridzucht 40
Hygiene 151

I

Industriefutter 114
Infektionskrankheiten 147
Innereien 167, 171

J

Jauchegrube 93, 97
Jauchelagerung 96
Jaucherinne 82, 93

K

Kältezittern 132
Kaltstall 87, 99, 135
Kalzium 49
Kampf 57, 63
Kampfspiele 60
Kannibalismus 72
Kartoffeln 112, 117
Kastanienwälder 79
Keiler 57
Knochenbrüchigkeit 49
Knochenerweichung 49
Knochenskelett 41
Kohlenhydrate 51, 112
Kohlrübe 118
Kolostralmilch 68, 126
Kompaktfuttermittel 115
Kopf 42
Körnerfrüchte 114
Körperteile 42
Körpertemperatur 45, 145
Korsika 80
Kot 146

Kotelett 170
Kotplatz 59
Kraftfutter 123
Krankheiten 146
Kreislauf 12
Kreuzungen 38
Kreuzungszucht 138
Küchenabfälle 17, 118 f.

L

Lagerung 95
Laktation 48
Landrasse 17
Landrasse B 27, 141
Landschweine 32
Läufer 127
Leber 54, 171
Leistungsmerkmale 38, 40, 139
Lende 42
Licht 75, 77
Liegebereich 92
Luftfeuchtigkeit 83, 99
Lüftung 84
Lüftungsanlagen 90
Luzerne 120

M

Magen 52, 111
Magen-Darm-Entzündung 148
Mangalitza-Schwein 32
Mast 109
Maul- und Klauenseuche 148
Milchbildung 48, 112, 115
Milchdrüsen 48
Milchleistung 48, 126
Milchprodukte 117
Mineralfutter 126
Mineralgehalt 117
Mineralstoffe 49, 167
Minischwein 34 f.
Minnesota Minipigs 35
Mistlagerung 96
Mistplatz 92, 96
Mittelmeerschwein 14
Muskulatur 12, 50

Mutter-Kind-Kontakt 68
Muttersau 67, 125
Mutterschweine 39

N
Nachbarrecht 81
Nacken 170
Nährstoffgehalt 111, 113
Nieren 171

O
Obstbäume 104
Offenstall 90, 99
Offenstallhaltung 128
Ohren 43
Ölkuchen 116
Östrus 64

P
Paarungsverhalten 66
Paarungszeit 57
Parasiten 94, 147
Parasitenbefall 147
Pflege 73, 75
Pflegen 70
Pheromone 142
Phosphor 49
Piétrain 18, 27, 43, 140, 167
Platzbedarf 75
Pökeln 173
Probiotika 151
Protein 114
PSE-Fleisch 168

Q
Qualitätsmängel 167

R
Rachitits 49
Rangordnung 63
Räuchern 173
Räucherwaren 173
Rausche 64
Reinlichkeit 70
Reinzucht 25, 39, 136

Rohfaser 112, 119
Rotklee 120
Rotlauf 148
Rotte 56, 92
Rüben 118
Rückstände 168
Ruhen 70
Ruhezone 92
Runkelrübe 118
Rute 46
Rüttelkette 70

S
Sachkundenachweis 161
Samenleiter 46
Sau 64
Sauenherde 39
Sauenmilch 126
Sauginstinkt 72
Saugordnung 62
Saugverhalten 68
Schadgase 88
Schatten 104
Scheide 46
Scheuerbalken 70
Scheuerlust 94
Scheuern 104
Scheuerpfähle 94
Schinken 80, 169
Schlachten 154
Schlachtkörper 157, 170
schlachtreif 108
Schlammbad 71
Schnitzelmaschine 119
Schnüffelkrankheit 148
Schulter 43, 170
Schwäbisch-Hällisches Schwein 17, 29, 141, 167
Schwalbenbauchschwein 34
Schwanzbeißen 72
Schwarte 171
Schwarz-Weißes Bentheimer Schwein 31, 141
Schweinedusche 71, 94
Schweinegrippe 148

Schweinehaltungshygieneverordnung 76, 103
Schweinekauf 137
Schweißdrüsen 45, 48
Schwerkraftlüftung 88
Selbstversorger 74, 90
Selbstversorgung 36, 109
Selektion 38
Seuchen 148
Silagen 120
Skelett 49
Speck 35, 79
Speckschicht 166
Speckschweine 39
Speicheldrüsen 52
Spielautomat 70
Spielen 69
Spieltrieb 70, 94
Spielzeug 75
Spurenelemente 113, 167
Stall 81
Stallapotheke 152
Stallareale 90
Stallboden 75, 82, 84
Stallbucht 75
Stalleinrichtung 70, 90
Stallhaltung 76
Stallklima 72, 83, 85, 87, 147
Stallkonstruktion 85
Stallreinigung 151
Stehohren 27
Stressanfälligkeit 139
Stressanfälligkeitstests 140
stressunempfindlich 34
Suhle 71
Suhlen 56, 59, 104
Süßlupine 114, 120
Symbiose 149

T

Tageslicht 73
Tagesration 124
Teilstücke 157, 169
Temperatur 132
Tiermehl 114, 117
Tierschutzgesetz 73
Tierschutz-Nutztierhaltungsverordnung 75
Topinamburknollen 121
Trächtigkeit 135
Trächtigkeitsdauer 45, 130
Tränke 62, 128
Trinkverhalten 61
Tuberkulose 148

U

umsetzbare Energie (ME) 113
Umweltreize 92, 149
Untugend 72

V

Verdauungsapparat 51, 111
Verdauungsstörungen 115
Veredelungskreuzung 40
Verhaltensanomalie 72
Verhaltensbiologie 74
Verhaltensrepertoire 55
Verhaltensstörungen 72
Vermehrung, natürliche 130
Viren 148
Vitamine 113, 166

W

Waldweide 78
Wärmeregulation 45
Warmstall 99
Wasserversorgung 128
Weide 9, 150
Weideareal 100
Weidebewuchs 103
Weideeinrichtung 70
Weidehüttenhaltung 103
Weideland 100
Weideschwein 31 f.
Wildschwein 14, 32, 55
Wirtschaftsrassen 37
Wollschwein 141
Wühlareal 93, 107
Wühlen 104
Wühlmaterial 94

Wühltrieb 70
Wurst 172
Wurstwaren 161

Z
Zitzen 46, 48, 136

Zuchttiere 136
Züchtung 138
Züchtungsmethoden 138
Zunge 171
Zweirassenkreuzung 40
Zyklusdauer 64

Haftung

Die in diesem Buch enthaltenen Empfehlungen und Angaben sind von der Autorin mit größter Sorgfalt zusammengestellt und geprüft worden. Eine Garantie für die Richtigkeit der Angaben kann aber nicht gegeben werden. Autorin und Verlag übernehmen keine Haftung für Schäden und Unfälle. Bitte setzen Sie bei der Anwendung der in diesem Buch enthaltenen Empfehlungen Ihr persönliches Urteilsvermögen ein.

Hinweis: *Der Verlag Eugen Ulmer ist nicht verantwortlich für die Inhalte der im Buch genannten Websites.*

Impressum

Bibliografische Information der Deutschen Nationalbibliothek

Die Deutsche Nationalbibliothek verzeichnet diese Publikation in der Deutschen Nationalbibliografie; detaillierte bibliografische Daten sind im Internet über http://dnb.d-nb.de abrufbar.

Das Werk einschließlich aller seiner Teile ist urheberrechtlich geschützt. Jede Verwertung außerhalb der engen Grenzen des Urheberrechtsgesetzes ist ohne Zustimmung des Verlages unzulässig und strafbar. Das gilt insbesondere für Vervielfältigungen, Übersetzungen, Mikroverfilmungen und die Einspeicherung und Verarbeitung in elektronischen Systemen.

© 1993, 2014 Eugen Ulmer KG
Wollgrasweg 41, 70599 Stuttgart (Hohenheim)
E-Mail: info@ulmer.de
Internet: www.ulmer.de
Lektorat: Dr. Eva-Maria Götz
Herstellung: Ulla Stammel
Umschlagentwurf: Atelier Reichert, Stuttgart
Satz: r&p digitale medien, Echterdingen
Druck und Bindung: Firmengruppe APPL, aprinta druck, Wemding
Printed in Germany

ISBN 978-3-8001-8099-8

Hier können Sie weiterlesen:

 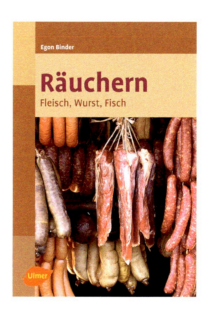

- Von der Auswahl der Tiere, der Fleischqualität bis zu den hygienischen und rechtlichen Vorschriften
- Das Schlachten und Zerlegen von Schweinen, Rindern, Schafen, Ziegen und Kaninchen wird in Text und Bild Schritt für Schritt beschrieben
- Zahlreiche Rezepte für die Herstellung von leckeren Fleisch- und Wurstwaren

Hausschlachten. Schlachten, Zerlegen, Wursten. Bernhard Gahm. 5., aktualisierte Auflage 2008. 168 S., 107 Farbfotos, 5 Zeichn., kart. ISBN 978-3-8001-5555-2.

- Schon mit wenigen Mitteln wird Fleisch, Wurst oder der selbst geangelte Fisch zur Delikatesse.
- Das bewährte Handbuch erklärt genau, wie 's geht: von den Geräten über die passende Methode bis zu Rezepten finden Sie alle Infos, die Sie zum Aromatisieren und Konservieren brauchen.
- Mit vielen Tipps vom Räucherprofi!

Räuchern. Fleisch, Wurst, Fisch. Egon Binder. 8., neu bearbeitete Auflage 2011. 128 S., 68 Farbfotos, 15 Zeichn., kart. ISBN 978-3-8001-7559-8.

Ganz nah dran.

Noch mehr Landluft schnuppern

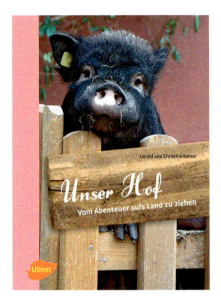

- 240 selten gewordene Rinder-, Schaf-, Ziegen-, Pferde-, Esel- und Schweinerassen aus aller Welt
- Erhalt der Vielfalt der Nutztierrassen
- Kurze, übersichtliche Porträts

Farbatlas seltene Nutztiere.
240 gefährdete Rassen aus aller Welt.
Hans Hinrich Sambraus. 2010. 256 S.,
243 Farbfotos, kart. ISBN 978-3-8001-5865-2.

- Unterhaltsames und Wissenswertes für alle, die vom Landleben träumen
- Unterhaltsames und Wissenswertes über Borsten- und Federvieh, Amüsantes über Hunde, Pferde und Rinder, Wolliges und Drolliges über Schafe
- Ehrlich und mit viel Humor erzählt

Unser Hof. Vom Abenteuer aufs Land zu ziehen.
Gerald Reiner, Christine Reiner. 2012. 157 S.,
197 Farbfotos, geb. ISBN 978-3-8001-7761-5.

 **Ganz nah dran.**